# FALTPLAN

## »Schreiben Sie uns!

Wir hoffen, dass Ihnen dieser Reiseführer gefällt und er Ihnen ein guter Begleiter auf einer außergewöhnlichen und spannenden Reise ist.

Weil ein Reiseführer von Erfahrungen lebt, sind wir an Ihren Erlebnissen interessiert: Haben Sie im Buch ein Restaurant entdeckt, das es nicht mehr gibt, eine Sehenswürdigkeit, die wir noch nicht aufgeführt haben, oder eine falsche Adresse? Dann schreiben Sie uns!

**Wir nehmen jeden Hinweis und jede Kritik ernst und arbeiten kontinuierlich daran, die Bücher aktuell zu halten und immer weiter zu verbessern.** Auch wenn wir nicht jeden Wunsch erfüllen können, machen wir uns immer Gedanken über Ihre Anmerkungen.

**Schreiben Sie an:** info@reise-know-how.de oder Reise Know-How Verlag Peter Rump GmbH, Postfach 140666, 33626 Bielefeld

Wenn sich Ihre Infos direkt auf das Buch beziehen, bitten wir um die Angabe der Seitenzahl und der Auflagennummer bzw. des Erscheinungsjahres. Besonders hilfreiche Beiträge belohnen wir mit einem Sprachführer Ihrer Wahl aus unserer „Kauderwelsch"-Reihe.

**Herzlichen Dank und gute Reisen**
**Ihr Reise Know-How Verlag**

Diesem Buch wurde hier ein herausnehmbarer Faltpla
Sollte er beim Erwerb des Buches nicht mehr vorhanden sei
r nach.

## Liebe Leserin, lieber Leser,

ein unabhängiger Verlag für unabhängig Reisende – das sind wir, der Reise Know-How Verlag aus Bielefeld, eines der letzten Familienunternehmen in der Branche. Obwohl wir zu den größten Reiseführerverlagen Deutschlands gehören, ist der familiäre Umgang miteinander in allen Bereichen des Verlagslebens zu spüren: In der Geschäftsführung in zweiter Generation, in einer wertschätzenden Arbeitsatmosphäre, in der Nähe zu unseren frei arbeitenden Autorinnen und Autoren, im engen Austausch mit unseren Leserinnen und Lesern – und auch in der Zusammenarbeit mit Druckereien in Deutschland, in denen wir ausschließlich und regional unsere Bücher produzieren. Die sollen schließlich erst mit Ihnen auf große Reise gehen.

Alles, was wir in unsere Bücher und Landkarten stecken, soll Ihnen eines ermöglichen: Auf Ihre ganz eigene, individuelle Weise die Welt zu entdecken. Wir wünschen Ihnen viel Freude und unvergessliche Erlebnisse mit diesem Reiseführer.

**Es grüßen herzlich**
Peter Rump & Wayan Rump

# Willkommen auf Borkum

Wie Perlen auf einer Schnur liegen sie in der Nordsee, die Ostfriesischen Inseln. Eine davon ist Borkum, das sich ganz im Westen knapp vor der niederländischen Grenze befindet. Etwas abseitig ist die Lage, was der Insel aber nicht geschadet hat. Für die Anfahrt benötigt man etwas Zeit, zwei Stunden tuckert die Fähre vom Festland hinüber, das entschleunigt schon mal. Wer es flotter wünscht, nimmt den Katamaran, zahlt aber auch mehr. Wir nähern uns gemächlich der Insel. Seehunde räkeln sich gemütlich auf einer Sandbank und Möwen segeln lässig vorbei. So entschleunigt geht es auch nach der Ankunft im Hafen weiter. Alle Gäste steigen von der Fähre in die historische Inselbahn um, die ebenso gemächlich in den Ort schaukelt. Dort angekommen, geht es zu Fuß oder per Rad weiter, der Autoverkehr ist hier stark eingeschränkt. Man gewöhnt sich sehr schnell daran.

Der Ort bietet alles, was das Urlauberherz begehrt: Lokale mit Fischbrötchen und gehobene Küche, wagenradgroße Pizzen und Fischplatten mit allem Drum und Dran. Shoppingangebote, Fahrradverleiher, Souvenirläden – alles ist da, vor allem eine lange Strandpromenade (1). Weit schweift der Blick von hier über den Strand bis zum Meer. Terrassenlokale gibt es natürlich auch. Abends füllen die sich immer rasch, wenn die Sonne als Feuerball im Meer versinkt.

Schnell erreicht man auch die nahe Natur. Die tief eingeschnittenen Dünentäler klopfen fast schon am Stadtrand an. Und dann erst die schneeweißen Strände! Kilometerweit kann man hier spazieren, begleitet von hoch aufragenden Dünen. Je weiter weg vom Ort, desto einsamer wird es. Man kann sich kaum sattsehen an dieser urwüchsigen Natur und den kitschig-schönen Sonnenuntergängen.

Ja, auf Borkum verbindet sich quirliges Strandleben mit der stillen Einsamkeit einer urtümlichen Landschaft.

## Autor und Fotografin

Der Autor **Hans-Jürgen Fründt** konnte noch nicht mal laufen, da reiste er schon das erste Mal an die Nordsee, so erzählen es jedenfalls seine Eltern. Das frühkindliche Krabbeln in den Dünen muss prägend gewesen sein, denn als Schleswig-Holsteiner Jung zog es ihn immer wieder an die Küste, am liebsten auf die Nordseeinseln. Seit 1982 arbeitet er als Reisebuchautor, mittlerweile sind von ihm über 60 Titel erschienen, u. a. weitere zu Norddeutschlands Küsten und zu Zielen in Spanien, die meisten im Reise Know-How Verlag.

Die Fotografin **Susanne Muxfeldt** begleitet den Autor seit vielen Jahren – auch und gerade auf die Nordseeinseln. Jedes Mal ist sie erneut begeistert vom wechselhaften Nordseelicht und der Vielfalt der fotografischen Motive zwischen Dünen, Strand und den historischen Bauwerken.

mux-060o

# Meine

106bo-mux

### 1 Der Musikpavillon bei Sonnenuntergang [B4]

Ein Sommertag neigt sich dem Ende. Noch ist es angenehm warm, eine leichte Brise weht von der See herüber. Die Sonne versinkt als Feuerball im Meer. Man steht an der Promenade und sieht ihr zu. Ein Glas Wein in der Hand und sanfte Klänge im Ohr, die vom Musikpavillon herüberwehen (s. S. 15).

002bo-mux

### Der Strand von Hooge Hörn [H3]

Ein wenig muss man schon gen Osten zu den Stränden jenseits des Ostlands gehen – oder radeln. Dann geht es immer weiter Richtung Hooge Hörn. Dort ist man ganz allein mit sich und der Natur, lauscht dem ewig gleichen Rhythmus der Wellen, dem Krächzen der Möwen und dem Knirschen des Sandes unter den Schuhen (s. S. 78).

003-bo-mux

### 3 Neuer Leuchtturm [B4]

Immerhin 60 m ragt der Neue Leuchtturm in die Höhe und wer bis nach oben steigt, genießt einen fantastischen Rundblick bis ... das hängt von der Wetterlage ab. Den Inselort aber kann man in jedem Fall aus einem neuen Blickwinkel betrachten. Man muss dafür zwar 308 Stufen steigen – doch es lohnt sich (s. S. 18)!

004bo-mux

### 15 Großes Kaap und 16 Dinkeldodenkarkhof [B4]

Manchmal sucht man einen Moment der Stille, möchte aber keine langen Wege gehen. Ein guter Ort dafür ist das Seezeichen Große Kaap. Dort spürt man die Kraft der Natur, die auch grausam sein kann: Gleich nebenan liegt der kleine Friedhof der unbekannten Seeleute (s. S. 30 u. S. 31).

# Lieblingsorte

**Die Olde Düne im Ostland [E3]**
Knapp außerhalb des Ortsteils Ostland erhebt sich diese Düne 16,60 m über dem Meeresspiegel. Ein paar Stufen führen hinauf und oben kann man sich kaum sattsehen an dem herrlichen Rundumblick. Weit hinten erkennt man die Bauten der Stadt, etwas näher das Meer und auf der anderen Inselseite das Wattenmeer (s. S. 103).

005bo-mux

**Der Hauptstrand vor der Seehundbank [B4]**
Der Hauptstrand vor Borkum-Stadt ist mehrere Hundert Meter breit. Bis zur Wasserkante spazieren nur wenige, wer es macht, wird aber belohnt. Denn hier genießt man das wahre, etwas raue Nordseegefühl: Wellen brechen krachend, der Wind pfeift einem um die Ohren und im Hintergrund erblickt man Seehunde (s. S. 64).

006bo-mux

**Das Strandcafé Seeblick [C3]**
Das Café befindet sich am Ende der Promenade in den Dünen, genau dort, wo der Weg in den Strand übergeht. Es bietet Selbstgebackenes, kleine Gerichte und vor allem macht es seinem Namen „Seeblick" alle Ehre, speziell von der Terrasse aus. Weit schweift der Blick über die Dünen und den Strand bis hin zum Meer (s. S. 91).

007bo-mux

**Einsame Bank mit Meerblick [B3]**
Ein Stück die Strandpromenade hochgehen bis zum grün-weißen Pfahl, der den nordwestlichsten Punkt Deutschlands markiert. Dort stehen ein paar Ruhebänke – strategisch perfekt Richtung Meer ausgerichtet. Ein wunderbarer Platz, um sich bei Fernblick über Strand und Meer in relativer Einsamkeit wegzuträumen (s. S. 66).

107bo-hj

# Inhalt



MEIN TIPP

**Vor der Reise erledigen**

› Urlauber, die ihr Auto mit auf die Insel nehmen wollen, sollten rechtzeitig einen Platz auf der Fähre reservieren (s. S. 116).

*Der abendlich erleuchtete Musikpavillon an der Strandpromenade ❶ (105bo ©S. Engels, stock.adobe.com)*

**Bewertung der Sehenswürdigkeiten**

★★★ nicht verpassen
★★ besonders sehenswert
★ wichtig für speziell interessierte Besucher

**Planquadrat im Kartenmaterial**

[A1] Orte ohne diese Angabe liegen außerhalb unserer Karten. Alle Ortsmarken werden in der buchbegleitenden Web-App angezeigt (s. S. 141).

**Alle weiteren Benutzungshinweise s. S. 140.**

077bo-mux

*Neugierige Seehunde sonnen sich auf dem Hohen Riff (s. S. 65) direkt vor dem Hauptstrand*

108bo-mux

# BORKUM ENTDECKEN

# Borkum im Überblick

Borkum ist die westlichste der sieben **Ostfriesischen Inseln** und mit 31 Quadratkilometern das flächenmäßig größte Eiland dieser Gruppe. Der einzige Ort der unmittelbar an die Niederlande grenzenden Insel ist die **Stadt Borkum**, sie zählt etwa 5200 Einwohner und liegt an der westlichen Spitze. Zwei kleinere Stadtteile befinden sich mit dem **„Ostland"** 21 gute fünf Kilometer und mit der Hafenzone **„Reede"** gut sieben Kilometer entfernt. Beide sind sehr kleine Siedlungen, am Hafen legen auch die Schiffe der beiden Fährlinien an, die das Festland mit Borkum verbinden. Die Insel kann sowohl vom deutschen **Fährhafen Emden**, als auch vom niederländischen **Eemshaven** erreicht werden. Vom Borkumer Hafen schaukelt die urige Inselbahn in 25 Minuten bis zur Stadt, die Fahrt ist im Fährpreis inbegriffen.

Borkum zählt nach Norderney die meisten Urlaubsgäste der Ostfriesischen Inseln und ist wirtschaftlich mittlerweile praktisch vollständig vom **Tourismus** abhängig. Das Urlauben hat auf Borkum eine lange Tradition, erste Badegäste kamen bereits 1834, ab 1850 dann immer mehr, da die Eisenbahn nun bis Emden führte und von dort die Schiffspassage auf die Insel sehr viel einfacher und schneller vonstattenging. Diese Entwicklung wurde nur in den Kriegsjahren unterbrochen.

Vor dem Einsetzen des Tourismus lebten die Borkumer überwiegend bescheiden vom **Fischfang** und der **Landwirtschaft**, nur im 18. Jahrhundert gab es eine Phase, in der viele Insulaner zu Wohlstand kamen, als viele Borkumer zum **Walfang** ausfuhren und dabei gutes Geld verdienten – oder ihr Leben ließen, denn das war die Kehrseite dieses riskanten Abenteuers. Nach dem Ende des Walfang-Booms verarmten viele Familien wieder oder verließen die Insel. Dann aber kamen die Badegäste und die Lage änderte sich völlig, auch wenn es noch etliche Jahre dauerte, bis es zu nennenswerten Gästezahlen kam. Die früheren Urlauber suchten genau dasselbe wie die heutigen, nämlich Sonne, Strand und Meer. Und das wird ihnen auf Borkum auch geboten.

Die **nördliche Inselseite** ist durch einen breiten, feinsandigen **Strand** geprägt, der von tief ins Hinterland hineinreichenden **Dünenketten** begleitet wird. Weiter im **Inselinneren** liegen **Marschland** und **Salzwiesen**, die **südliche Inselküste** ist durch einen **Seedeich** zum Wattenmeer geschützt. Einzigartig dürfte auch sein, dass sich eine Kolonie Seehunde regelmäßig unweit vom Hauptstrand auf einer Sandbank aufhält. Diese **Sandbank** war früher von der Insel räumlich durch einen Priel (natürlicher Wasserlauf im Watt) getrennt, ist aber heute mit dem Hauptstrand verbunden. Sie darf nicht betreten werden, die Tiere lassen sich aber auch vom Hauptstrand aus erkennen.

Borkum liegt im **Nationalpark Niedersächsisches Wattenmeer**, bestimmte Flächen der Insel sind als Teile dieses Nationalparks ausgewiesen. Dazu zählen vor allem Flächen im Osten der Insel. Einige Zonen dürfen nur auf ausgewiesenen Wegen betreten werden, andere gar nicht (s. S. 109).

*◁ Vorseite: Der Kleine Leuchtturm 13 ragt fotogen aus den Dünen hervor*

013bo-mux

Die **Stadt Borkum** zieht sich vom Hauptbadestrand etwa hufeisenförmig entlang der nördlichen und der südlichen Inselküste. Das touristische und gesellschaftliche Zentrum liegt im Umfeld des Bahnhofs, wo die vom Hafen kommende Kleinbahn endet. Der wiederum liegt nur 5 Gehminuten vom Strand entfernt. In dieser Zone finden Urlauber und Einheimische die meisten Lokale, Hotels, Geschäfte und Dienstleister vor. Ferienwohnungen können auch etwas außerhalb dieser Zone liegen, was aber keine unüberwindbare Hürde darstellt. Zunächst allerdings muss sich vielleicht mancher Gast umstellen, denn das Autofahren ist stark reglementiert, Borkum ist eine Fahrradinsel. Mehrere Fahrradverleiher bieten ein großes Angebot an Rädern, Anhängern und E-Bikes.

Die schöne Inselnatur beginnt praktisch im Ortskern, wo sich die ersten **Dünen** aufbauen. Diese ziehen sich entlang der gesamten Nordküste und auch über weite Teile der Südküste. Speziell an der Nordküste verbreitern sich die Dünen sehr stark und sind teilweise schon völlig überwuchert, einige Fahrrad- und Wanderwege führen durch diese einzigartige Natur. Neben Dünen gibt es auch **Marschen, Wiesen und sogar kleine Wäldchen.**

Die äußerste Ostspitze, **Hooge Hörn** genannt, kann nicht betreten werden und selbst des letzten Stück Weges kann nur zu Fuß erfolgen, denn ab dem Aussichtspunkt Steerenklippdüne (22) geht es nicht einmal mehr per Fahrrad weiter.

Borkum bietet also eine **ausgezeichnete Mischung aus kleinstädtischem Leben und Naturschönheiten, endlosen Stränden** mit einsamen Ecken, aber auch **belebte Gegenden** mit Strandbistros, Beachvolleyball und natürlich urgemütlichem Dösen im Strandkorb.

*Der Neue Leuchtturm (3) überragt die schicken Häuser am Hauptstrand*

## Wie die Insel erkunden?

Borkum ist eine **Fahrradinsel,** Autos spielen hier nur die zweite Geige. Doch können Pkws mit auf die Insel genommen werden, und für viele Gäste, die mit Kindern anreisen, wäre es auch sehr mühsam, all die Taschen, Koffer und Spielsachen ohne Fahrzeug zu transportieren. Manche Familien machen dies dennoch und kommen mit den eigenen Rädern und viel Gepäck. Für manche mag es notwendig sein, das **Auto** mit auf die Insel zu nehmen, aber allzu viele Möglichkeiten zum Fahren gibt es nicht.

In der **Saison** (eine Woche vor Ostern bis Ende Oktober und 26.12. bis 4.1.) sind nämlich **weite Teile der Innenstadt** („rote Zone") **für den Autoverkehr gesperrt.** Für einen weiteren Bereich („blaue Zone"), der die Innenstadt großzügig umschließt, gilt ein strenges Nachtfahrverbot (21–7 Uhr). Am Rand der Innenstadt gibt es allerdings große Parkplätze. Richtig fahren kann man eigentlich nur in zwei Richtungen: entweder am Flugplatz vorbei bis zum Ostland (ca. 5 km) oder in die entgegengesetzte Richtung bis zum Hafen (ca. 7 km). An beiden Endpunkten lassen sich Wanderungen starten, beispielsweise vom Ostland bis zur Hooge Hörn (Wanderung 4) oder Spaziergänge in die einsamen Strandzonen von Ostland.

Es gibt mehrere **Fahrradverleiher** im Ort, die alle ein großes Angebot an Tourenrädern, E-Bikes, Anhängern und Kinderrädern bereithalten. Verschiedene gut unterhaltene und überwiegend gepflasterte **Radwege** verlaufen durch die Dünen bis zum Ostland und sogar noch ein Stückchen weiter bis zur Steerenklippdüne 22, allerdings müssen sich Radfahrer diese Wege mit Fußgängern teilen. Die Wege sind generell gut ausgeschildert und bei einer Fahrt durch die Dünen nimmt einen die Schönheit der Landschaft sofort ein. Auch auf dem Seedeich an der Wattseite kann man Rad fahren und der Weg zum Hafen führt über weite Strecken etwas abseits der sowieso nur schwach befahrenen Straße. Im Ort selbst sind ebenfalls immer viele Radfahrer unterwegs. Außerdem fahren viele mit dem Rad zu den Stränden, an den Strandübergängen finden sich deshalb auch zahlreiche Fahrradständer.

**Zu Fuß** kann die Insel natürlich auch erkundet werden, einige Stre-

014bo-mux

cken sind allerdings doch sehr lang. Dennoch kommt man als Wanderer noch sehr viel stärker in Kontakt mit der Natur, man muss sich allerdings, wie bereits erwähnt, die meisten Wege mit den Radfahrern teilen. Wer mal richtig seine Ruhe haben will, der sollte den Strand östlich vom Ostland aufsuchen und weiter nach Osten Richtung Hooge Hörn gehen. Dort draußen sind nur wenige Menschen unterwegs. Oder, etwas einfacher zu organisieren, eine Strandwanderung vom Ort in Richtung FKK-Strand machen (s. S. 76) und vielleicht noch ein Stückchen weiter gehen, auch dort ist es meist recht einsam. Selbst am Strand vor dem Ort kann schon eine ruhige Zone gefunden werden, hierzu muss man vom Strand bis zur Wasserkante der Sandbank gehen, die sich direkt an den Strand anschließt – ein recht strammer Marsch, aber dort draußen nimmt man tatsächlich eine ganz andere Atmosphäre wahr, obwohl man Borkum-City ständig im Blick hat.

**Eine Buslinie** (s. S. 131) befährt die Insel, verbindet das Ostland mit der Stadt Borkum und fährt weiter bis zum Hafen und anschließend wieder auf der gleichen Strecke zurück. Auch auf diese Weise lässt sich die Insel erkunden, man sollte dabei nur einen genauen Blick auf den Fahrplan werfen, denn die Busse fahren nicht übermäßig oft. Wanderer, die nicht die gesamte Strecke bis zum Ostland und weiter bis zur Hooge Hörn gehen wollen, nehmen dieses Transportmittel meist dankend an, mit einem Fahrrad kann man die Insel aber besser und flexibler erkunden.

[<] *Borkum lässt sich wunderbar per Fahrrad erkunden*

## Inselsteckbrief

- **Größe:** Borkum umfasst 30,7 km² und ist damit die größte der sieben Ostfriesischen Inseln.
- **Entfernung zum Festland:** ca. 20 km
- **Einwohner:** 5300
- **Wirtschaftliche Grundlage:** Tourismus, nahezu alle Borkumer sind in wirtschaftlicher Hinsicht direkt oder indirekt vom Tourismus abhängig.
- **Wappen** (seit 1951): Das Wappen zeigt links zwei silberne Wale auf grünem Grund, rechts den roten Alten Leuchtturm (8) über fünf blauen Wellen. Oberhalb zieht sich ein goldenes Band mit der Inschrift: „Mediis tranquillus in undis" („ruhig inmitten der Wogen").
- **Flagge** (seit 1929): Die Inselflagge zeigt ein weißes Kreuz vor grünem Hintergrund. Im oberen linken Viertel befinden sich drei waagerechte Streifen in den Farben Schwarz, Rot und Blau, den Farben der ostfriesischen Flagge. Im Schnittpunkt des Kreuzes befindet sich eine blaue Scheibe mit einem roten Leuchtturm, von dem beidseitig gelbe Lichter ausstrahlen. Die Scheibe trägt die gleiche lateinische Inschrift wie das Wappen.
- **Tourismus:** Etwa 240.000 Gäste mit rund 2,3 Mio. Übernachtungen kommen jedes Jahr auf die Insel.
- Das **höchste Bauwerk** ist mit 60 Metern der Neue Leuchtturm (3).
- Die **höchste natürliche Erhebung** ist die Olde Düne (16,60 m).

# Sehenswertes in der Stadt Borkum

Die Stadt Borkum liegt an der Westspitze der Insel, einen zweiten Ort gibt es nicht. Allerdings existieren noch **zwei Stadtteile neben der Hauptstadt:** Zum einen der Stadtteil **Reede,** der den Hafenbereich, wo heute auch die Fähren anlegen, mit einigen Versorgungsgebäuden umfasst, zum anderen **Ostland,** das nur aus wenigen Häusern, einem Campingplatz und zwei Ausflugslokalen besteht.

Die Hauptstadt befindet sich aber im Westland, eine Bezeichnung, die noch aus der Zeit stammt, als die Insel zweigeteilt war. Mit etwa 5200 Einwohnern ist Borkum der **zweitgrößte Ort auf den Ostfriesischen Inseln nach Norderney.**

Die Stadt schmiegt sich in etwa hufeisenförmig an die Westspitze der Insel, wobei der Ortskern sehr nahe an der Spitze liegt. Dort befinden sich auch die wenigen **historischen Sehenswürdigkeiten** wie die Leuchttürme und die verschiedenen Kirchen nebst Heimatmuseum (9).

012bo-mux

Die etwas neueren Zonen konnten sich in den Randgebieten entwickeln und ausdehnen, vor allem an der **Südseite** zieht sich ein Neubaugebiet mit Einfamilienhäusern weit nach Osten, sodass sogar die Borkumer Kleinbahn hier einen eigenen Haltepunkt eingerichtet hat („Jakob-van-Dyken-Weg“). An der entgegengesetzten **Nordseite** findet man heute neben einigen modernen Häusern vor allem Kur- und Klinikeinrichtungen, eine Sportanlage, einen großen Campingplatz und eine beginnende Dünenlandschaft.

Das alte Borkum erkennt man vor allem im Bereich des Alten Leuchtturms (8) und der Evangelisch-reformierten Kirche (7) noch, am Wiesenweg, wo sogar das älteste Haus der Insel (10) steht. Auch existieren noch ein paar Häuser im Stil der Bäderarchitektur an der Strandpromenade zwischen Viktoriastraße und Gorch-Fock-Straße.

Das **touristische Borkum** lässt sich heute vor allem in dem Gebiet zwischen Strandpromenade (1), dem Neuen Leuchtturm (3) und der Neuen Straße verorten. Hier befinden sich zahlreiche Lokale, Geschäfte, Fahrradverleiher, Bäcker, Supermärkte und all die Anbieter von sonstigen wichtigen Dingen, die zu einem Urlaub gehören. In diesem Kernbereich des Ortes halten sich in der zumeist doch recht entspannten Atmosphäre immer viele Menschen auf.

Nur wenige Schritte entfernt öffnet sich der wahrlich weitläufige **Strand**

*Blick vom Neuen Leuchtturm (3) über die Stadt und den Alten Leuchtturm (8) bis zum Meer*

von Nordbad, der nahtlos in eine noch breitere Sandbank übergeht. An der südlichen Wattseite liegt der Südstrand, ebenfalls feinsandig und gut besucht, aber längst nicht so breit wie der Hauptstrand.

Verbindendes Element ist die **Strandpromenade.** Besonders im Bereich der einmündenden **Bismarckstraße** mit ihren vielen Lokalen und kleinen Geschäften flanieren immer viele Gäste. Kein Wunder, liegt hier doch auch vor dem Strand der kleine **Musikpavillon** ❶, in dem regelmäßig Konzerte stattfinden – vor allem zum Sonnenuntergang ganz großes Kino! Außerdem warten mehrere beliebte Bistros mit großen Terrassen auf Gäste, die sich hier urgemütlich entspannen möchten. Direkt davor findet das pralle Strandleben statt: Dösen im Strandkorb, Aktivsein beim Surfen, Beachvolleyball oder gar im Strandbuggy, alles ist möglich. Und damit ist auch schon ein großer Vorteil von Borkum genannt: **Die Wege sind überschaubar.** Von der quirligen Shoppingmeile (Franz-Habich-Straße) überquert man nur einmal die Hauptstraße beim Bahnhof, schlendert durch die Bismarckstraße mit ihren vielen gastronomischen Angeboten und schon hat man den Strand erreicht. Wer eine Unterkunft in den Außenbezirken hat, der braucht natürlich etwas länger, aber per Fahrrad lässt sich hier praktisch alles schnell erreichen.

**Insgesamt** bleibt der Ort Borkum **überschaubar und familiär.** Feierfreudige Gruppen zieht es eher nicht hierher (mehr nach Norderney) und wer eher ein mondänes Flair sucht, der wäre wohl auf Sylt besser aufgehoben. Nein, die Stadt Borkum zeigt sich geerdet und die schöne Natur beginnt unmittelbar am Ortsrand.

## ❶ Strandpromenade und Musikpavillon ★★★ [B4]

*Direkt vor dem Hauptstrand verläuft die über einen Kilometer lange Promenade, an der man wunderbar spazieren gehen und weit aufs Meer schauen kann, was speziell am Abend zur Sonnenuntergangszeit ein einzigartiges Spektakel ist, noch dazu, wenn im Musikpavillon ein Konzert gegeben wird. Dann versammeln sich hier sehr viele Menschen, um ganz entspannt, vielleicht bei einem Glas Wein, die untergehende Sonne zu verabschieden.*

Der offizielle Name lautet **Bürgermeister-Kieviet-Promenade,** aber seit Urzeiten wird die Promenade am Hauptstrand kurz und bündig **„Wandelbahn“** genannt und das trifft punktgenau deren wichtigste Funktion, denn hier kann man wunderbar spazierengehen, flanieren, joggen, dösen und träumen, den Sonnenuntergang bestaunen und Musik hören. Am zentralen Punkt steht nämlich seit 1911 ein kleiner **Musikpavillon.** Hier finden zwischen April und Oktober von Dienstag bis Sonntag dreimal täglich um 11, 16 und 20 Uhr kostenlose Kurkonzerte statt, denen insbesondere bei Sonnenuntergang Hunderte von Besuchern beiwohnen. Beim Musikpavillon befinden sich auch einige schicke, coole und nette Lokale mit großer Terrasse, hier hat man wahrlich einen Logenplatz mit Meerblick.

Eine kleine **Reminiszenz an die historische Walfängerzeit Borkums** findet man zwischen Bismarckstraße und Bubertstraße, dort wurde ein großer **Brunnen in Form eines Wals** gebaut, eines Atlantischen Nordkapers. Das Tier ist nur mit einem Teil seines mächtigen Körpers zu sehen, in etwa

015bo-mux

so, wie auch die Walfänger diese Wale im Meer schwimmend gesehen haben dürften. Der **Nordkaper** wurde so intensiv gejagt, dass er heute fast ausgestorben ist, obwohl er bereits seit 1935 unter Schutz steht. Die schwarzen Wale werden 13 bis 18 Meter lang und wiegen 80 bis 100 Tonnen. Auch die weißen Flecken des Wals entsprechen der Realität, die Tiere sind meist stark von Parasiten (u.a. Seepocken) befallen. Dieser Waltyp hat einen hohen Speckanteil (40 %), weshalb er häufig gejagt wurde. Hinzu kam, dass er ein sehr langsamer Schwimmer ist und deshalb gut verfolgt werden konnte. Hier an der Promenade taucht er also nur ein wenig aus den Fluten auf und man bekommt schon dadurch eine Ahnung von der Größe dieser mächtigen Tiere.

Das **westliche Ende der Insel** mit seinem breiten Strand ist durch eine vier Kilometer lange **Strandschutzmauer**, ein festes Deckwerk, geschützt. Optisch fällt sie vielleicht nicht so schön aus, sie ist aber sehr wichtig und nützlich, wenn die Herbststürme über die Nordsee brausen und die Wellen an die Küste schlagen. In der Vergangenheit wurde schon viel Schaden angerichtet und Sand abgetragen, daher wurde dieser feste Schutzwall aus Beton und Asphalt errichtet. Der obere Bereich, die Promenade, ist begehbar, hier finden sich auch einige Lokale. Die Strandschutzmauer mit der Promenade verläuft von Buhne 1 (Strandcafé Seeblick, s.S. 91) bis Buhne 24 (Restaurant Heimliche Liebe, s.S. 91). Sie schützt im Verbund mit ins Meer ragenden **Buhnen** (rechtwinklig zum Strand verlaufende Dämme) diese Inselseite. Entlang der Promenade erstrecken sich auch das **Nordsee Aquarium** ⓬ und etwas im Hintergrund der **Kletterpark** (s.S. 83), das **Gezeitenland** (s.S. 83), im zentralen Bereich auch einige Hotels mit fantastischem Meerblick, einige wenige Restaurants und eben auch der Musikpavillon, der aber eine Ebene tiefer fast auf Höhe des Strandes steht.

Etwas weiter nördlich verläuft die Promenade dann zwischen den Dünen, aber kurz davor passiert sie den sich weit öffnenden Strand mit dem Surfzentrum und mehreren kleineren, mobilen Bistros, die nur in der Saison geöffnet haben. Das alles findet man auf diesen knapp 1,5 Kilometern entlang der Wandelbahn.

## 2 Evangelisch-lutherische Kirche ★★ [B4]

„Kirche unterm Leuchtturm“ wird diese **kleine, etwas unscheinbare Kirche** auch genannt. Sie entstand in Rekordzeit, der Bau dauerte gerade einmal 2½ Monate. Die Planungen dagegen erstreckten sich über einige Jahre und das Vorhaben wurde immer dringlicher, nachdem die Zahl der evangelisch-lutherischen Familien von 10 im Jahr 1860 auf 119 vier Jahrzehnte später gestiegen war. Hinzu kamen immer mehr Badegäste, die im Sommer die Gemeinde noch vergrößerten. Zunächst fanden Gottesdienste im Speisesaal eines Hotels statt, was den Wunsch nach einer eigenen Kirche abermals verstärkte. Am 24. April 1899 begannen die Bauarbeiten, 2½ Monate später waren sie bereits beendet und am 9. Juli 1899 fand der erste Gottesdienst statt. 1958 entstanden der Glockenturm und die Orgelempore, 1961 folgte eine Neugestaltung des Altarraums, 1998 wurde abermals renoviert.

Das **Innere** zeigt sich schlicht, aber dennoch **beeindruckend.** Die Holzdecke kontrastiert mit dem Weiß der geputzten Wände und lässt so das **Glaskunstfenster** im Chorraum als optisch dominierendes Element hervortreten. Es zeigt den im Wasser versinkenden Petrus, der von Jesus gerettet wird. Davor steht der kleine Altar, er wird von einem schwebenden Metall-Kreuz (links) und der Holzfigur des Erzengels Michel flankiert, die Richard Stickel schuf. Speziell das **Metallkreuz** lohnt ein genaueres Betrachten, denn es enthielt sehr filigrane Details, die einem zunächst womöglich gar nicht auffallen. Zunächst erkennt man als zentrale Figur Christus am Kreuz, aber an den jeweiligen Seitenrändern lassen sich Bibelszenen ausmachen, die auf den ersten Blick schwer zu erkennen sind, aber vom Künstler Hilko Schomerus sehr eindringlich herausgearbeitet wurden. So stellt die Szene rechts neben Jesu Kopf den „Tanz um das goldene Kalb“ dar. Am oberen Teil des linken Kreuzarms ist die Szene „Durchzug durchs Schilfmeer“ dargestellt. Weiter unten sind auf der linken unteren Seite des Kreuzstamms zwei bekannte Szenen zu erkennen, ganz unten die „Arche Noah bei der Sintflut“ und direkt darüber der „Turmbau zu Babel“. Es sind noch weitere Szenen eingearbeitet.

Im Vorraum hängt ein **fröhlich-buntes Wandgemälde** mit Borkum-Motiven, das ein deutsch-kolumbianisches Ehepaar 2011 schuf.

› Goethestraße 14, geöffnet: So.–Fr. 9–18 Uhr, im Winter bis Einbruch der Dunkelheit

016bo-mux

*◁ Im Musikpavillon am Hauptstrand gibt es abends Livemusik*

*▷ Gemalte Kunst mit religiösem Hintergrund: Jesus rettet den ertrinkenden Petrus*

## 3 Neuer Leuchtturm ★★★ [B4]

*Mitten im Ort steht er, der hoch aufragende Neue Leuchtturm, von dem aus Gäste einen formidablen Rundblick genießen, allerdings erst nachdem sie 308 Stufen hochgestiegen sind. Aber die Mühe lohnt sich, der Ausblick ist wirklich einzigartig.*

1879 wurde dieser Leuchtturm in nur knapp fünf Monaten Bauzeit errichtet, nachdem der bisherige, der Alte Leuchtturm 8, ausgebrannt war. Die Bezeichnungen „Alter" und „Neuer Leuchtturm" lagen damals auf der Hand, allerdings lautet die korrekte nautische Bezeichnung **„Großer Leuchtturm Borkum".** Und groß ist er zweifellos, denn er misst in der Höhe 60, 2 Meter und ragt 63 Meter über das Wasserniveau.

Die sehr kurze Bauzeit von fünf Monaten konnte nur realisiert werden, da es bereits fertige Pläne für einen Neubau gab. Als dann der Alte Leuchtturm brannte, zog man diese Pläne rasch aus der Schublade und schritt ans Werk. Genau 1.526.000 rotbraune Klinkersteine wurden verbaut, aber diese mussten zunächst einmal herangeschafft werden. Dies geschah natürlich per Schiff vom Festland aus. Das Schiff legte an einer geschützten Stelle an der Wattseite an. Von dort mussten die schweren Steine in den Ort transportiert werden. Das geschah mit einer neu organisierten **Pferdebahn,** die als Vorläufer der späteren Inselbahn gelten kann, denn sie befuhr fast die gleiche Trasse wie die heutige Kleinbahn.

017bo-mux

Im Innern führt eine **Wendeltreppe mit 308 Stufen** hoch zur **Aussichtsplattform,** sieben weitere Stufen führen zur Spitze, die aber für Besucher verschlossen bleibt. Der runde Turm ruht auf einem 15 Meter hohen, achteckigen Sockel und verjüngt sich nach oben. Ihm fehlt ein farbiger Anstrich, wie ihn so viele Leuchttürme an der Nordseeküste tragen. Am 15. November 1879 schickte er erstmals sein Licht in die Nacht, es ist 24,3 Seemeilen weit sichtbar, gute 45 Kilometer. Der Neue Leuchtturm schießt zwei Lichtblitze von 0,2 Sekunden Dauer ab, die sich nach 12 Sekunden wiederholen. Der nächste Leuchtturm in westlicher Richtung steht 36 Kilometer entfernt auf der holländischen Insel Schiermonnikoog (vier Blitze), der nächste Richtung Osten steht auf Norderney (drei Lichtblitze).

› Eintritt: 4 €, Kinder (4–14 Jahre) 2 €, Einlass nur mit gültiger Kurkarte, geöffnet: April–Oktober Mo.–Fr. 11–13 und 15–17.30 Uhr, Sa./So./Fei. 14–16.30 Uhr

## 4 Katholische Kirche Maria Meeresstern ★★ [B4]

Die neogotische Kirche wurde 1882 erbaut und in späteren Jahren mehrfach erweitert. Zwar war Borkum seit der Reformation grundsätzlich evangelisch geprägt, aber durch den zunehmenden Bädertourismus kamen **immer mehr katholische Urlauber** auf die Insel und suchten einen Ort zum Gebet und zur inneren Einkehr. Daran fehlte es und seit etwa 1870 wurde provisorisch der Gottesdienst in einer Schule abgehalten. Nach 1945 kamen viele Menschen aus den deutschen Ostgebieten auf die Insel, die Zahl der Katholiken stieg damit so stark, dass die Kirche erweitert werden musste, zunächst 1954, dann 1958, später noch einmal im Jahr 1987. Heute besteht die Gemeinde etwa aus 800 Gläubigen.

Die Kirche ist Maria, der Muttergottes, gewidmet und bereits am Hauptportal wird darauf verwiesen. Der **Türgriff** zeigt eine Szene, in der ein Engel Maria die Botschaft überbringt, dass sie die Mutter Jesu wird. Das Innere der Kirche wirkt zunächst etwas schlicht, wobei die einzelnen Elemente dafür umso deutlicher hervortreten. Der **Altar**, ein massiver Block aus französischem Sandstein ist an seinen vier Seiten mit Reliefs geschmückt, die wichtige Szenen aus Jesu Leben zeigen. Johann Baptist Lenz schuf dieses Werk zum 100. Jahrestag der Kirche. Dahinter zeigt ein schön gestaltetes **Glaskunstwerk** Jesus am Kreuz, flankiert von Maria und dem Jünger Johannes. Eine weitere Mariendarstellung

*Der Neue Leuchtturm ist der größte seiner Art auf Borkum*

ist in das **Fenster zur Kirchenstraße** eingearbeitet, sie zeigt die Muttergottes im Lichterglanz. Interessantes Detail: Maria zertritt mit ihrem Fuß eine Schlange, das Symbol der Versuchung. Neben der Tür zur Sakristei hängt eine **Holzschnitzarbeit von Ludwig Nolde** (1900–1970), „Madonna mit Kind".

Oben an der Empore ist in ein Fenster ein gelber **Stern** vor einem blauen Hintergrund eingearbeitet, er ist dem Marienstern nachempfunden. Im Winter strahlt durch ihn das Licht schön nach außen, im Sommer scheint an zwei Tagen Ende Juni das Sonnenlicht abends durch das Fenster genau auf den Altar und hüllt ihn in ein gelb-blaues Licht.

Die **Decke** ist in verschieden intensiven Blautönen gehalten, wobei das Blau sowohl den Himmel als auch das Meer symbolisieren soll. Die Arbeit wurde von Tobis Kammerer ausgeführt. Ergänzend verläuft eine dünne grau-rote Linie über diese farbliche Deckengestaltung und setzt sich etwa in Augenhöhe durch die ganze Kirche fort. Sie verbindet einen **Kreuzweg** von 14 Stationen im Inneren der Kirche. Diese Arbeit stammt wie der Altar von Johann Baptist Lenz.

› Kirchenstraße 30, auch außerhalb der Gottesdienste meist zwischen 8.30 und 20 Uhr geöffnet.

## 5 Rathaus ★ [B4]

Das auffallende dreistöckige Rathausgebäude an der Neuen Straße ist im Stil der **norddeutschen Backsteingotik** gebaut. Hierzu wurden aus Mangel an der notwendigen Anzahl von Natursteinen aus Lehm rötlich gebrannte Ziegel benutzt. Und so hebt sich das ganze Gebäude baulich und optisch von den umliegenden

Häusern ab. Geplant wurde es 1909, nach einem Jahr Bauzeit war das Haus dann fertig, es kostete exakt 56.888,85 Reichsmark. Das heutige Rathaus war nicht immer Sitz der Verwaltung. Zwischenzeitlich war hier ein **Kolonialwarengeschäft** eingerichtet, später dann der **Geräteraum der Feuerwehr** und im Ersten Weltkrieg sollte das Haus als **Station für Brieftauben** genutzt werden. Alles vorbei und vergessen, heute sitzt hier, wie einst vorgesehen, die Stadtverwaltung.

› Neue Straße 1

### 6 Zaun aus Walknochen ★★ [B4]

Ein sehr seltener Zaun aus Walknochen steht an der Wilhelm-Bakker-Straße vor dem Pfarrhaus der evangelisch-reformierten Kirche 7. Im 18. Jahrhundert befand sich hier das Haus des Walfang-Commandeurs **Roelof Gerrits Meyer** (1712–1798).

▷ *Teile des Zauns aus Walknochen*

## Die „goldene" Zeit der Walfänger

Walfang war nicht nur für viele Borkumer ein Segen, weil er gutes Geld einbrachte, sondern auch für die Bewohner anderer Nordseeinseln. Sogar einige aus heutiger Sicht sehr kleine Orte an der norddeutschen Küste rüsteten Walfangschiffe aus. Alle hofften natürlich auf reiche Beute und tatsächlich wurden mehrere Kapitäne und Schiffseigner schwerreich, andere Besatzungsmitglieder konnten immerhin ihre Familien gut ernähren.

Die Borkumer heuerten zunächst auf holländischen Schiffen an, ab 1643 gingen auch Schiffe aus Emden und Hamburg „auf Grönlandfahrt", wie die Waljagd genannt wurde, obwohl man die Wale zumeist vor Spitzbergen jagte. Die Borkumer machten es aber nicht allein, so ist überliefert, dass alleine von der Nordseeinsel Föhr gut 1000 Männer um das Jahr 1700 auf Waljagd gingen. Von Borkum stammten im Laufe des 18. Jahrhunderts insgesamt etwa 100 Commandeure, wie die Kapitäne genannt wurden.

Da Walfang ein sehr gefährliches Unterfangen war, kehrten viele der Seeleute nicht davon zurück, was für die zurückgebliebenen Familien meist bitterste Not bedeutete. Laut einer Chronik aus dem Jahr 1734 waren auf Borkum von 154 Frauen fast ein Viertel Witwen.

Die Schiffe hatten zwischen 40 und 50 Mann Besatzung und man stach im Frühjahr in See. Die Reise dauerte etwa ein halbes Jahr, spätestens Ende Juli musste die Rückreise angetreten werden, da das Packeis ab dann immer dichter wurde, meist wurde der Heimathafen spätestens im September erreicht. Die Seeleute bekamen eine feste Heuer, was ein Vorteil war, wenn der Fang gering ausfiel. Richtig wohlhabend konnten nur die Teilhaber werden, sie wurden Partfahrer genannt: Commandeur, Steuermann, Harpunier und Speckschneider waren am Gewinn beteiligt.

Niemand wusste, wo sich die Wale genau aufhielten, deswegen mussten die Seeleute oft tage- oder gar wochenlang warten, bis sie einen Grönlandwal oder einen Nordkaper sahen, hauptsächlich diese Tiere wurden gejagt, da sie relativ langsam schwammen. Wurde ein Wal gesichtet, ließ man ein oder mehrere

018bo-mux

Ruderboote (Schaluppen) zu Wasser. Die kräftigen Männer ruderten dicht an den Wal heran, woraufhin der Harpunier eine schwere Harpune auf das Tier schleuderte, das sofort abtauchte. Die Harpune war mit einer langen Leine am Boot befestigt. Da der Wal abtauchte, gab man Leine, tauchte er wieder auf zum Luftholen, holte man die Leine ein und versuchte das Tier nicht wieder entkommen zu lassen. Das wiederholte sich meist noch viele Male, bis der Wal ermüdet war und man ihn mit weiteren Lanzen attackieren konnte, bis er schließlich verendete. Der erbeutete Wal wurde dann auf dem Schiff zerlegt, der Speck wurde in Stücke geschnitten und später zu Tran gekocht, was als Lampenöl verwendet wurde.

Commandeure nahmen oft die Knochen mit. Es bestand lange eine große Nachfrage nach dem Tran, weswegen für Borkum, aber auch für andere Inseln mit vielen Walfängern (beispielsweise Föhr) goldene Zeiten anbrachen. Einige wenige wurden reich, genügend Menschen immerhin wohlhabend, andere konnten sich durch die regelmäßigen jährlichen Fahrten ihr Auskommen sichern, bis diese Epoche speziell für Borkum ein jähes Ende fand.

Der Wal-Bestand war durch die intensive Bejagung schon um 1750 dezimiert, immer mehr Walfänger kehrten ohne Beute zurück und verlegten sie sich dann teilweise auf die Robbenjagd. Neben diesem schleichenden Rückgang, der alle Grönlandfahrer betraf, stoppte die politische Großwetterlage vor allem die Borkumer jäh.

1781 befanden sich die Niederlande und Großbritannien im Krieg und die Engländer beschlagnahmten fast 200 niederländische Schiffe samt Besatzung, so auch viele Borkumer. Das bedeutete für viele das Ende der Waljagd, auch wenn sich einige Borkumer später noch auf Hamburger Schiffen verdingten.

Die Inselbevölkerung schrumpfte deutlich und diese Tendenz kehrte sich erst um 1850 mit den erstmals auftauchenden Badegästen wieder um, die Borkum langsam, aber in immer größerer Zahl besuchten. Außerdem wurden Lampen mittlerweile verstärkt mit Petroleum betrieben, der Waltran wurde schlicht nicht mehr benötigt.

Roelof fuhr bereits in sehr jungen Jahren zur See und ging auf Walfang, wahrscheinlich mit seinem Vater oder seinem Onkel, die beide ebenfalls als Commandeure auf Walfangschiffen arbeiteten. Mit 24 Jahren erhielt Roelof bereits sein erstes eigenes Kommando über ein Schiff mit 40 Seeleuten Besatzung. Er unternahm insgesamt 47 Reisen nach Grönland und Spitzbergen und erlegte dabei 311 Wale. Noch mit 74 Jahren ging er auf seine letzte Fahrt. Wie damals üblich, nahmen die Commandeure die Walknochen mit und Roelof baute sich um sein Haus eine Art **Schutzzaun gegen den allgegenwärtigen Wind**, der beständig Sand durch die ungefestigten Straßen trieb. Damals existierten mehrere solche Zäune auf der Insel, die meisten sind verschwunden, aber ein zweiter Walkinnladenzaun befindet sich noch heute an der Roelof-Gerritz-Meyer-Straße gegenüber dem Alten Leuchtturm 8. Aber nicht nur auf Borkum standen sie, sondern auch auf anderen Nordseeinseln, außerhalb von Borkum existiert heute noch ein weiterer Zaun auf der dänischen Insel Rømø. Der Borkumer Zaun verfügt über 105 zersägte Zähne, die teilweise durch eine Art Vordach vor dem Verfall geschützt werden.

› Wilhelm-Bakker-Straße

MEIN TIPP

### Borkumer Walpfad

Der Borkumer Walpfad ist ein Lehrpfad zum Thema „Walfang auf Borkum". Etliche Hinweistafeln befinden sich an markanten Punkten im Ort, die im Zusammenhang mit dem Walfang stehen, z. B. beim Walknochenzaun 6, beim Heimatmuseum 9 oder auch an der Promenade 1 beim Walbrunnen (s. S. 15). Sie geben interessante Informationen zu diesem Thema und sind auf Deutsch und Niederländisch beschriftet.

019bo-mux

## 7 Evangelisch-reformierte Kirche ★★ [B4]

Die heutige Kirche wurde 1897 auf Wunsch von Urlaubern errichtet. Es gab kleinere Vorgängerbauten, die am Alten Leuchtturm 8 standen. Mit dem Einsetzen des Badetourismus war der Wunsch der Gäste nach einer geräumigen Kirche so stark geworden, dass dieses Gotteshaus am heutigen Standort errichtet wurde. Sie bietet immerhin 850 Besuchern Platz. Die heutige Kirche gilt als jung, die **Gemeinde** dagegen **existiert** auf

Borkum bereits **seit dem 16. Jahrhundert**, denn im Jahr 1536 trat ein erster Pastor seinen Dienst auf der Insel an.

Die Kirche ist mit **maritimen Elementen** versehen, dazu zählen die Holzdecke, die ähnlich wie ein Schiffsrumpf gebaut ist, und die Fenster mit ihren Wellenmotiven. Auch das markante Schiffsmodell weist darauf hin, es zeigt ein Walfangbegleitboot namens „Het Welvaaren van Borkum" („Der Wohlstand Borkums"). Das Modell wurde 1781 vom Borkumer Walfangkapitän Roelof Gerrits Meyer (s. S. 20) gestiftet. Ganz oben an der Spitze des 40 m hohen Kirchturms weht eine Wetterfahne, die ein hart am Wind segelndes Schiff symbolisiert.

Im Innern zeigt sich ein Unterschied zur evangelisch-lutherischen Kirche ❷: Die Sitzbänke sind im Halbrund um die Kanzel angeordnet. Die evangelisch-reformierte Kirche fühlt sich stark der Gemeinschaft verpflichtet, man sieht sich gegenseitig während des Gottesdienstes und Predigt und Auslegung der Bibel stehen im Mittelpunkt. Weiterhin gibt es keine Bilder und kein Kruzifix, gemäß der Auslegung des zweiten Gebots, nach dem man sich kein Bildnis von Gott machen soll. Die Gemeinde regelt ihre Angelegenheiten weitestgehend selbst und wählt auch aus ihren eigenen Reihen den Pastor.

› Rektor-Mayer-Pfad, geöffnet: im Sommer: Mo.–Do. 10.30–18 Uhr

*Die evangelisch-reformierte Kirche mit ihrem hoch aufragenden Kirchturm*

## ❽ Alter Leuchtturm ★★ [B4]

Der Alte Leuchtturm, von den Borkumern auch **„De Olde Baas"** genannt, steht knapp am Ortsrand auf einer ehemaligen Kirchwarft und ist weithin sichtbar. Um 1540 stand hier eine Kirche der evangelisch-reformierten Gemeinde, die heute einen anderen Standort hat. Der Kirchturm diente als provisorisches Seezeichen. Dieses war aber viel zu niedrig, daher wurde 1576 auf Wunsch der Kaufleute der Stadt Emden ein neuer, höherer Turm als Seezeichen erbaut.

Diese Stadt erlebte nämlich im 16. Jh. einen unerwarteten wirtschaftlichen Aufschwung, als sich dort viele Menschen ansiedelten, die aus religiösen Gründen hatten fliehen müssen. Ein zweites Ereignis, das sich positiv auf die Entwicklung von **Emden** auswirkte, war der **Niederländisch-Spanische Seekrieg**, bei dem die Spanier niederländische Häfen blockierten. Die Handelsschiffe wichen deshalb aus und steuerten als nächsten Hafen Emden an, sodass sich hier ein reger Handel etablieren konnte. Die Einwohnerzahl vervierfachte sich binnen 20 Jahren, die Stadt erlebte einen nie gekannten wirtschaftlichen Aufschwung. Der Hafen wurde über die Emsmündung angesteuert, was nicht ganz einfach war und schnell zum Ruf nach markanten Seezeichen führte. Auf Borkum ragte ein Kirchturm in die Höhe, was aber nicht ausreichte. Also baute man entsprechend der Forderung der Emder Kaufleute einen neuen, höheren Turm.

Dieser **Turm** war anfänglich eine Landmarke ohne Feuer, erst 1817 wurde ein Leuchtfeuer installiert. Zuvor bestand ab 1760 eine Lichtquelle, die mit Steinkohle betrieben wurde und auf einer Düne stand. Nachts

020bo-hj

diente sie als bescheidenes Leuchtfeuer für vorbeifahrende Schiffe, strahlte aber nicht weit genug. Das im Turm neu eingerichtete Leuchtfeuer wurde durch Parabolspiegel und Öllampen erzeugt, es war etwa sechs Seemeilen weit zu sehen (knapp 11 km). 1857 baute man einen neuen Leuchtapparat ein, der immerhin 13 Seemeilen weit strahlte und mit Rapsöl befeuert wurde, von dem große Mengen im unteren Bereich des Turms lagerten. Als am 14. Februar 1879 durch einen defekten Ofen im Turm ein Feuer ausbrach, stürzte die bald schon brennende Holzdecke hinunter und entflammte die Ölvorräte. Der Turm brannte komplett aus. Danach baute man den Neuen Leuchtturm 3 an anderer Stelle, der Alte verlor seine Funktion. Er wurde renoviert und mit einer Uhr versehen und gilt immer noch als das **älteste Bauwerk der Insel.**

Nach Außerdienststellung fungierte der Alte Leuchtturm zunächst als **Wetterstation** der Deutschen Seewetterwarte Hamburg, zwischen 1945 und 1948 wurde er als **Seefunkstelle** der Deutschen Gesellschaft zur Rettung Schiffbrüchiger (s. S. 34) genutzt. 1976 stellte man ihn unter Denkmalschutz. Am 21. März 1981 übernahm ihn der **Heimatverein Borkum**, der ihn bis heute pflegt. **Zurzeit ist der Turm aus Brandschutzgründen geschlossen,** unten im Turmfuß befindet sich die Ausstellung „Land der Entdeckungen" (Ende März–Ende Okt. Di.–So. 10–17 Uhr) zur Geschichte von Turm und Kirche, gezeigt werden auch archäologische Funde.

Der Turm ist von einem kleinen Garten eingefasst. Außerdem befindet sich daneben ein **alter Friedhof,** auf dem noch einige alte **Grabsteine von ehemaligen Walfängern** stehen. Der Grundriss der früheren Kirche aus dem 15. Jahrhundert ist durch eine niedrige Mauer nachgebildet, heute befindet sich hier ein Ruhebereich mit Sitzbänken und Informationstafeln. Der älteste Grabstein zählt 250 Jahre, einige der Grabsteine erzählen vom Leben der Verstorbenen, die Inschriften werden zusätzlich auf Infotafeln erläutert. So erfährt man beispielsweise, dass Pieter Gerrits Meyer bereits 1779, mit 25 Jahren als Commandeur ein Walfangschiff ins Eismeer führte und insgesamt 40 Fahrten unternahm. Weiterhin ist auf dem Grabstein vermerkt, dass sein Fangergebnis 124½ Wale betrug, die einen Wert von ca. 200.000 Gulden hatten. Ein anderer Grabstein berichtet, dass Jan Roelofsz Visser schon mit 22 Jahren Commandeur auf einem Walfangschiff war. Insgesamt unternahm er 32 Fahrten ins Eismeer, auch hier wird seine genaue Fangmenge genannt: 107 und zwei Drittel Wale. Der Friedhof wurde in der zweiten Hälfte des 19. Jahrhunderts aufgegeben.

Unmittelbar neben dem Alten Leuchtturm stößt man in einem Garten in der Kirchstraße auf ein Holzschiff, das **ehemalige Ausflugsschiff „Aegir"**. Es wurde 1925 in Bremerhaven gebaut, mit ihm unternahm der Eigner bis zum Zweiten Weltkrieg Ausflugsfahrten mit jeweils bis zu 25 Gästen von Borkum aus, beispielsweise zu den Seehundbänken, nach Juist oder Lütje Hörn. Derartige Fahrten mit einem „Lustkutter", wie die Ausflugsschiffe auch genannt wurden, gab es bereits Ende des 19. Jahrhunderts und sie waren sehr beliebt. Einige Jahre schipperte die Aegir Touristen rund um Borkum, lag dann aber zwei Jahrzehnte halb vergessen in einem Garten, wurde schließlich von einem Borkumer für Privatzwecke restauriert und Jahre später nach Nordrhein-Westfalen verkauft, wo das Schiff im Wesel-Datteln-Kanal lag. Nach abermals vielen Jahren gelang es dem Leiter des Heimatmuseums 9, das nun ziemlich heruntergekommene Schiff zu erwerben, zu restaurieren und nach Borkum zu überführen. Und nun liegt es im Garten in der Kirchstraße beim Toornhus (Kirchenstraße 2) als historisches Museumsschiff und kann von außen besichtigt werden.

## 9 Heimatmuseum im Dykhus ★★★ [B4]

*Das kleine, aber ungemein interessante Heimatmuseum ist in einem etwa 300 Jahre alten Haus, genannt „Dykhus" (Deichhaus) untergebracht, das früher tatsächlich einmal an einem Deich lag, der heute aber nicht mehr existiert. Das Museum bietet dank der vielen Exponate und dem Star der Ausstellung, einem Walskelett, einen vielfältigen Einblick in die Inselgeschichte.*

Das Haus gehörte früher einem Walfang-Commandeur. Die letzte Bewohnerin schenkte es dann dem Heimatverein, der hier 1958 ein Museum einrichten konnte, eine glückliche Fügung, denn bereits seit 1919 sammelten engagierte Borkumer Bürger Typisches und Originäres von der Insel, lagerten es provisorisch, hatten aber keinen zentralen und passenden Raum zum Präsentieren. Das änderte sich nach der Schenkung. Auf 10 Räume verteilt wird diese Sammlung heute strukturiert nach verschiedenen Themenbereichen ausgestellt und man staunt tatsächlich, was hier alles zusammengetragen wurde! Besucher erhalten einen **fundierten Einblick in Borkums Geschichte und in die Lebenswelt früherer Zeiten.**

*◁ „De olde Baas", der Alte Leuchtturm 8, ist das älteste Bauwerk Borkums*

Optisch dominierend, weil im größten öffentlich zugänglichen Raum ausgestellt, ist das 15 Meter lange **Skelett eines Pottwals**, der 1988 vor Eiderstedt in Schleswig-Holstein verendete und hier nun in seiner vollen Größe präsentiert wird. Da staunen wohl nicht nur junge Besucher, denn das Walskelett ist zugleich symbolisch für die Borkumer Walfängerzeit zu sehen, die hier im Raum 8 („Walhalle") ausführlich erläutert wird. Weiterhin wird hier auf **zentrale militärgeschichtliche Ereignisse** eingegangen, beispielsweise auf Wernher von Brauns Raketentests (s. S. 114), veranschaulicht durch den Nachbau einer der damaligen Raketen oder auch auf die Ermordung von US-amerikanischen durch deutsche Soldaten auf Borkum und die späteren juristischen Folgen.

Weitere Räume:

- **Raum 1:** Kapitänskajüte. In die aus einem Borkumer Dampfer ausgebaute Kapitänskajüte kann man nur durch ein Bullauge schauen.
- **Raum 2:** Karnstee. Hier ist landwirtschaftliches Gerät ausgestellt.
- **Raum 3:** Köken. Eine typische Küche mit reich geschmückten Kacheln eines wohlhabenden Hauses, die ein Original aus diesem Haus ist.
- **Raum 4:** Vörkamer. Ein Wohnzimmer mit Einrichtungsgegenständen aus dem 19. Jahrhundert. Der große gusseiserne Ofen wurde nur im Winter genutzt und beheizte ausschließlich die gute Stube, im Sommer wurde er abgebaut, das Wohnzimmer wurde dann für Sommergäste freigeräumt und vermietet.
- **Raum 5:** Kapitänszimmer. Ein etwas gediegen wirkender Raum, in dem Schiffstruhen, Schiffsbilder und nautische Gerätschaften gezeigt werden.
- **Raum 6:** Ortsgeschichte. Viele Exponate zeugen von der Entwicklung Borkums zum Seebad.
- **Raum 7:** Upkamer mit Butze. Eine Schlafkammer im Originalzustand. Die Schlafstätte, „Butze" genannt, war oft in einen Alkoven eingelassen, durch einen Vorhang oder eine Tür vom Raum abgegrenzt.
- **Raum 9:** Rudolf-Akkermann-Halle. Hier steht das Rettungsboot „Otto Hass", mit dem die Borkumer zwischen 1894 und 1922 insgesamt 88 Menschen aus See-

021bo-hj

not retteten. Außerdem wird das Rettungswesen dargestellt und es sind nautische Instrumente ausgestellt.

› **Raum 10:** Naturkundliche Ausstellung. Hier ist vor allem eine Sammlung von 220 Vögeln ausgestellt, die als Brut- und Zugvögel auf Borkum bekannt sind. Teile der Sammlung stammen aus den Jahren um 1910. Obendrein wird Sand von den unterschiedlichsten Stränden dieser Welt in Hängevitrinen gezeigt.

› Roelof-Gerritz-Meyer-Straße 8, Tel. 4860, www.heimatverein-borkum.de, Eintritt: Erwachsene 6 €, Kinder (6–15 Jahre) 3,50 €, Familie mit zwei oder mehr Kindern 14 €, geöffnet: Januar bis Ende März Sa./So. 10–17, April–Anfang Nov. Di.–So. 10–17, Nov. und Dez. Sa./So. 10–17, 26.12.–Anfang Januar Di.–So. 10–17 Uhr

## 10 Ältestes Inselhaus ★ [B4]

Das älteste noch existierende Haus der Insel steht im alten Ortsbereich unweit des Alten Leuchtturms 8. Es wurde bereits 1713 urkundlich erwähnt und steht heute unter Denkmalschutz. Bei ihm handelt sich um ein etwas gedrungenes Haus aus rotem Stein, das **Gulfhaus** genannt wird, eine für Norddeutschland typische Bauernhausform, die besonders häufig in Ostfriesland vertreten war. Kennzeichnend ist eine Ständerbauweise mit einem Holzgerüst. Das Haus hatte ursprünglich ein Vorderhaus, das als Wohnbereich diente, und eine Scheune mit weit heruntergezogenem Dach, sodass Abseiten entstanden und die Scheune insgesamt größer war als der Wohnbereich. Gerne wird auch erzählt, dass der Dichter **Wilhelm Busch** (s. S. 28) hier während seines Borkum-Aufenthaltes gewohnt hat.

Das Haus stand einmal kurz vor dem Abriss, wurde dann aber zwischen 2007 und 2009 restauriert und beherbergt heute zwei für Allergiker geeignete Ferienwohnungen, die nach früheren Bewohnern benannt sind.

› Wiesenweg 1a

*Das riesige Skelett eines Pottwals ist der Blickfang im Heimatmuseum 9*

## 11 Franzosenschanze ★ [C4]

Diese ehemalige Befestigungsanlage wurde zwischen 1811 und 1812 erbaut, als **Ostfriesland unter französischer Besatzung** stand. Der damalige Kaiser Napoleon verhängte eine Kontinentalsperre, um die Einfuhr von britischen Waren zu unterbinden. Soldaten sollten die Einhaltung der Sperre kontrollieren und den Schmuggel unterbinden. Die Franzosen quartierten sich in den Häusern der Insulaner ein und zerstörten leider auch das Kirchenmobiliar der kleinen Kirche. Auf allen Ostfriesischen Inseln installierten die Besatzer ein Fort. Auch nach Borkum kam ein Trupp französischer Soldaten (30 Mann) und ließ von den Inselbewohnern eine Schanze ausheben, einen Erdwall mit Palisadenzaun, der von einem Wassergraben umgeben war. **Überreste der Schanze** sind noch zu erkennen, sie liegt heute am Ortsrand. Auf dem Gelände steht heute ein Privathaus, sodass man die alte Schanze nur aus einer gewissen Distanz über einen Zaun hinweg betrachten kann. Sehr viel ist nicht mehr zu erkennen, auf dem Wall wachsen Bäume und davor ist noch der Wasserlauf zu erkennen.

## 12 Nordsee Aquarium ★★ [B5]

Direkt an der Strandpromenade des Südstrands befindet sich das kleine Nordsee Aquarium. Hier wird in 16 thematisch unterschiedlichen Becken die **vielfältige Nordseefauna** gezeigt. Die Themen orientieren sich an vor Borkum vorkommenden Lebensräumen wie dem Borkum-Riff oder den alten Holzbuhnen, an denen ebenfalls Kleinstlebewesen zu finden sind. Weiterhin wird beispielsweise das Hafenbecken vorgestellt, im Kontrast zur offenen Nordsee, in beiden Bereichen leben eigene Fischarten. Auch Treibholz wird so zu einem Thema, genauso wie Muschelbänke. In einem Nebenraum gibt es Schautafeln zu verschiedenen Komplexen, beispielsweise zur Entstehung der Nordsee, dem Weltnaturerbe Wattenmeer oder der Abfolge von Nahrungsketten in der Nordsee.

## Was Wilhelm Busch auf Borkum so dichtete

Der Dichter und Zeichner Wilhelm Busch (1832–1908), von dem uns so wunderbare Geschichten wie „Max und Moritz", „Die fromme Helene" oder „Plisch und Plum" überliefert sind, war mehrfach auf Borkum. Er habe in einer Pension in der Strandstraße logiert, so wird erzählt, bei einer Wirtin namens Hermine. Seinerzeit war Wilhelm Busch durchaus berühmt und besagte Hermine habe ihn einmal aufgefordert, ein Gedicht zu schreiben. Und so tat es der Dichter denn auch und berichtet in der ersten Strophe seines Gedichts „Dorenkat" von genau dieser Bitte:

> „Hermine sagte mir, ich wollte
> dass ich ihr mal was dichten sollte.
> Ich sagte ja! Und also hü!
> Fährt jetzt mein Geist per Phantasie
> Nach Borkum, legt sich auf die Düne
> Und dichtet was für die Hermine.
> Von einer Düne sieht man weit
> das Meer ist voller Flüssigkeit ..."

Und so geht es weiter. Wilhelm Busch erwähnt den Strand, die Spaziergänger, die dort auf und ab schlendern („Am Strande aber geht man froh, erst so hin dann wieder so."), erwähnt das Ostland (es sei voller Möwen), auch das Upholm mit seinen Schafen und Kühen. Aber eigentlich berichtet Busch vom Dorenkat, den einst ein Pieter Dorenkat aus purer Verzweiflung erfand.

> „Und schlürft,
> wenn man es nötig hat
> den vielberühmten Dorenkat
> ein Elixier, was notgedrungen
> durch ein Malheur dazu gezwungen
> vor hundert Jahren hierzuland
> der Pieter Dorenkat erfand."

Busch erzählt, wie es dem Pieter Dorenkat erging (überhaupt nicht gut) und wieso er ein Getränk braute und solange experimentierte, bis es ihm wieder besser ging. Und da ihm dieses Getränk so richtig gut gelang, fanden es auch andere Menschen gut. Der Pieter stellte noch mehr her, verkaufte es in großen Mengen und mit einem Mal ging es ihm so richtig gut. So erzählt es jedenfalls Wilhelm Busch in seinem unterhaltsamen Gedicht „Dorenkat".

Zum Schluss verabschiedet sich der Dichter auch brav von seiner Hermine:

> „... Mein Geist kehrt wieder von der Düne
> Adieu Hermine!"

› Von-Frese-Straße 46, Tel. 933744, www.nordsee-aquarium.de, Eintritt: ab 16 Jahren 4,50 €, Kinder 4–15 Jahre 3,50 €, Familienkarte mit max. zwei Kindern 14,50 €, jedes weitere Kind 2 €, Kurkarte wird erbeten, Öffnungszeiten siehe Website

## 13 Kleiner Leuchtturm ★ [B5]

Dieser mit 28 Metern kleinste der drei Borkumer Leuchttürme steht mit seinem **rot-weißen Farbmuster** sehr fotogen in den Dünen an der Westseite der Insel. Er war eines von fünf Leitfeuern, die im Rahmen eines gemeinsamen deutsch-niederländischen Projekts zur Ansteuerung der Ems errichtet wurden und sicherte einen Abschnitt zwischen der Nordsee und Emden. Erbaut wurde er 1891, heute ist er nicht mehr in Betrieb, 2003 wurde er außer Dienst gestellt. Er wird aber noch heute zur **Radarüberwachung** genutzt und kann deshalb nicht besichtigt werden.

Der Turm wurde in einer Art Fertigteilbauweise aus 27 mm dicken Metallteilen errichtet, die auf einem festen Fundament stehen. In dieser Bauweise existieren in ganz Deutschland nur neun Exemplare. Er trägt auch den Zweitnamen **„Elektrischer Leuchtturm“**, da er der erste in Deutschland gebaute Leuchtturm war, der elektrisch betrieben wurde. Die Energie wurde zunächst von einer Dampfmaschine erzeugt, die mit Kohle befeuert wurde, ab 1906 von Dieselmotoren. Sein Licht reichte 30 Seemeilen weit und strahlte aus einer Höhe von 32 Metern Höhe. Seit 1966 ist der Turm Teil einer Kette von Radarstationen, dazu wurde seine Kuppel abgenommen und durch einen Radaraufsatz ersetzt, der noch heute dort sitzt.

*Malerisch erhebt sich der Kleine Leuchtturm aus den Dünen*

114bo-mux

Am 15. Mai 1900 richtete die Reichspost eine **drahtlose Funkverbindung** von diesem Leuchtturm zum etwa 35 Kilometer entfernt liegenden Feuerschiff „Borkumriff" 19 ein, sodass Schiffsmeldungen und vor allem Telegramme vorbeifahrender Schiffe übermittelt werden konnten, was seinerzeit weltweit einmalig war.

Etwa 200 m südöstlich befindet sich das 8 Meter hohe rot-weiß gestreifte **„Quermarkenfeuer Düne"**, das 1928 erbaut und 1995 außer Dienst gestellt wurde. Es steht auf einer 11 Meter hohen Düne und ruht auf einem vierbeinigen Stahlgerüst. Das Quermarkenfeuer ist dreieckig und nach vorne abgerundet, es diente als Reserveleuchtturm, der vom Kleinen Leuchtturm mit Energie versorgt wurde. Er leuchtete aus einer Höhe von 17 Metern über Hochwasser 13 Seemeilen weit. Heute dient dieser Turm als **Wetterstation.**

022bo-mux

*Das Kleine Kaap war einst ein wichtiges Seezeichen*

## 14 Seezeichen Kleines Kaap ★ [B4]

Das Kleine Kaap, auch Westkaap genannt, steht ebenfalls auf einer Düne bei der Straße Am Westkaap und somit nahe dem Stadtkern. Es hat eine Bauhöhe von 11,70 Meter und steht 23,10 Meter über Hochwasser, trägt ein quadratisches Toppzeichen und diente zur Orientierung bei der Einfahrt in die Westerems. Es musste von den Schiffen in eine Linie mit dem Alten Leuchtturm 8 und der Westerems-Tonne gebracht werden.

› Am Westkaap

## 15 Seezeichen Großes Kaap ★★ [B4]

Das Seezeichen Großes Kaap ist eines von mehreren fest auf der Insel installierten Seezeichen, die den Schiffsführern das **Ansteuern der Osterems** (östlicher Mündungsarm der Ems in die Nordsee) erleichtern sollten. Derartige Seezeichen gab es schon seit Jahrhunderten. Sie wurden im Deutsch-Französischen Krieg abgebrochen, um den Franzosen die Navigation zu erschweren. 1872, nach dem Krieg, wurden sie rasch wieder aufgebaut und aus Reparationszahlungen der Franzosen finanziert. Dieses Seezeichen besteht aus rotem Klinker und trägt ein hölzernes Toppzeichen, in diesem Falle ein nach oben spitz zulaufendes Dreieck. Das Große Kaap misst 23,40 Meter und steht auf einer Düne insgesamt 32,10 Meter über dem Hochwasser. Schiffe, die in die Osterems fahren wollten, mussten mithilfe einer Peilung das Große Kaap mit dem Alten Leuchtturm 8 und der Ansteuerungstonne Osterems in eine Linie bringen.

› Boeddinghausstraße

## ⑯ Dinkeldodenkarkhof ★ [B4]

Gleich neben dem Seezeichen Großes Kaap ⑮ liegt in den Dünen der Dinkeldodenkarkhof, der Friedhof der unbekannten Toten, die an den Borkumer Stränden angetrieben wurden. Derartige Friedhöfe gibt es auf vielen Inseln und auch auf Borkum sind unbekannte angespülte Tote wie früher üblich außerhalb des örtlichen Friedhofs beerdigt worden, da man weder ihren Namen noch ihre Religion kannte. In den Kirchenbüchern sind unbekannte Ertrunkene ab 1859 dokumentiert, aber der Friedhof wurde schon früher genutzt. Allein im Jahr 1860 sind 21 Ertrunkene vermerkt, die in diesem Dünental bestattet wurden. Ab 1875 wurden sie dann auf dem neu geschaffenen Friedhof an der Deichstraße bestattet. Da die Seefahrt in früheren Jahrhunderten noch gefährlicher war als heute, konnte jeden Seemann dieses Schicksal treffen. Deswegen trugen sehr viele einen goldenen Ohrring, der genutzt wurde, um ein anständiges Begräbnis in einem Sarg zu finanzieren. Manche trugen auch einen sogenannten Creolen, einen kreisrunden Ring mit den Initialen ihres Namens im Ohr, der bei der Identifizierung helfen sollte.

Heute stehen hier eine kleine **Stele und eine Bodenplatte** zur Erinnerung. Die Bodenplatte wurde 2009 vom Heimatverein der Insel Borkum gestiftet, man erinnerte bei der Einweihung daran, dass auch viele Borkumer im Laufe der Jahrhunderte den Tod im Meer fanden und an fremden Gestaden angespült wurden. Die Stele stellt einen abgebrochenen Mast dar, der aus dem Sand ragt und von der Brandung umspült wird. Insgesamt ist dies ein kleiner, friedlicher Platz, der an der Boeddinghausstraße recht nahe dem Meer liegt.

› Boeddinghausstraße

## ⑰ Wasserturm ★ [C4]

Der früher 29 m (heute 23 m) hoch aufragende Wasserturm wurde im Jahr 1900 gebaut, um den deutlich gestiegenen Wasserverbrauch durch die Sommergäste auszugleichen. Bis dahin wurde Wasser aus Brunnen und sogar noch aus Regentonnen gewonnen, was nicht mehr ausreichte, jedenfalls nicht im Sommer. Deshalb entwarf ein Berliner Ingenieur diesen **Turm aus Ziegeln**, damit nun das Wasser durch Druck in das Leitungssystem gelangen konnte. Der Turm wurde auf einer Düne errichtet und das Wasser, das u. a. aus einer Süßwasserlinse kam, in einen großen Behälter im Kopf des Turms gepumpt. Etliche Jahre wurde er so genutzt, dann aber stillgelegt, da der Wasserdruck nicht mehr ausreichte, um die neuen sechsstöckigen Häuser mit Wasser zu versorgen. Seit Anfang der 1970er-Jahre wird er nicht mehr genutzt, damals stellten die Wasserwerke auf Pumptechnik um, der Wasserturm wurde nicht mehr benötigt. 1981 wurde sogar der markante Turmkopf abgebaut, zwei Jahre später wurde er unter Denkmalschutz gestellt. Seit 2007 bemüht sich der Verein Watertoorn Börkum e.V. um den Erhalt als Industriedenkmal und hat ihn in ein **Wassermuseum umgestaltet**, in dem die Geschichte der Wasserversorgung der Insel Borkum thematisiert wird, aber auch allgemeines Wissen zum Thema Wasser vermittelt wird.

› Geert-Bakker-Straße 51, http://watertoorn-borkum.de, Eintritt: Erw. 7 €, Kinder (6–15 J.) 3,50 €, Familie (inkl. bis zu 3 Kinder) 18 €, geöffnet: Do.–Di. 10–17 Uhr

# Entdeckungen auf der Insel

## 18 Hafen ★ [F6]

Das Hafengebiet mit seinen insgesamt **drei Becken** ist verwaltungstechnisch ein Ortsteil der Gemeinde Borkum mit dem offiziellen Namen **Reede** und liegt im Süden der Insel. Die Fähren legen an der Reede Borkum an, dieses Becken wird auch „Kleinbahnhafen“ genannt. Genau gegenüber dem Anleger befindet sich die **Haltestelle der Borkumer Kleinbahn**, die die ankommenden Gäste gemütlich in den Ort bringt.

023bo-mux

*Port Henry, der kleine Segelhafen von Borkum*

Das mittlere Becken ist das größte, es handelt sich um den **Burkana Sportboothafen**, auch Schutzhafen genannt. Dort befinden sich die Hafenmeisterei und die Steganlagen nebst Clubheim des WSVB (Wassersportverein Burkana). Außerdem liegen hier das **Feuerschiff Borkumriff** 19 und an Brücke 2 der **Seenotrettungskreuzer „Hamburg“** (s. S. 35) vor Anker.

Ganz außen gibt es noch ein weiteres Becken mit dem **Jachthafen**, auch **„Port Henry“** genannt. Er verfügt über eine Steganlage mit etwa 250 Liegeplätzen für Privatleute, die hauptsächlich mit Segelbooten hier festmachen. Außerdem befindet sich hier das Yachthafen Restaurant (s. S. 94). Der Hafen kann sowohl mit der Kleinbahn als auch mit dem Linienbus erreicht werden.

Weiterhin befindet sich unweit des Fähranlegers die Jugendherberge Borkum „Am Wattenmeer“ (s. S. 130). Sie bietet auf einem 15 ha großen ehemaligen Bundeswehrgelände insgesamt 700 Betten in 169 Zimmern, verteilt auf mehrere Häuser und gilt damit als größte Jugendherberge Deutschlands.

## 19 Nationalpark-Feuerschiff Borkumriff ★★ [F6]

Das knallrote Feuerschiff „Borkumriff IV“ lag viele Jahre als eine Art schwimmender Leuchtturm gute 30 km vor der Insel im Gebiet vor dem **gefährlichen Borkum Riff**, an dem schon viele Schiffe gestrandet waren und das deswegen auch den Beinamen „Schiffsfriedhof“ bekam. Das Schiff warnte durch seine Präsenz andere Schiffe vor der Gefahr

024bo-mux

und wies ihnen den richtigen Weg. Fest verankerte Feuerschiffe gab es seit dem frühen 18. Jahrhundert, zunächst in England vor der Themsemündung. 1774 folgte auf deutscher Seite ein Lotsenboot mit einer Signallaterne auf der Unterelbe. Um 1900 gab es insgesamt 18 bemannte Feuerschiffe in der Nordsee und sieben in der Ostsee, sie trugen meist den Namen ihres Standorts. Die Zahl der Feuerschiffe nahm aber beständig ab und mit der Borkumriff IV schied am 15. Juli 1988 **das letzte seiner Art** aus dem Dienst aus. Ihre Funktionen übernehmen heute Großtonnen.

Am Borkum Riff lag bereits 1875 ein erstes Feuerschiff, das letzte trug deshalb in der Namenskennung die Nummer IV und war hier von 1956 bis 1988 im Einsatz.

Neben der Funktion als Leuchtturm stand das Schiff ab 1900 mit der im Kleinen Leuchtturm auf Borkum eingerichteten **weltweit ersten Küstenfunkstelle** drahtlos in Kontakt. So konnten Telegramme vorbeifahrender Schiffe weitergeleitet und auch Schiffsmeldungen über Ankünfte von Handelsschiffen weitergegeben werden.

Das Feuerschiff Borkumriff liegt heute im Hafen von Borkum und ist noch immer fahrtüchtig, es läuft gelegentlich auch aus, besucht beispielsweise als gern gesehener Gast den Hamburger Hafengeburtstag. Es hat eine Länge von 53,70 m, eine Breite von 9 m und einen Tiefgang von 4,40 m. Es schafft eine Geschwindigkeit von neun Knoten, sein Leuchtfeuer war in 20,50 m Höhe angebracht.

Heute können Besucher das Schiff als technisches Kulturdenkmal er-

⍓ *Das Feuerschiff Borkumriff IV informiert auch über den Nationalpark Wattenmeer*

# Deutsche Gesellschaft zur Rettung Schiffbrüchiger (DGzRS)

Diese nichtstaatliche Organisation ist für die Seenotrettung in Deutschland zuständig. Sie finanziert sich ausschließlich durch Spenden und Mitgliedsbeiträge, die Mitarbeiter arbeiten teilweise sogar ehrenamtlich. Noch heute stehen in vielen Lokalen an der Küste markante kleine schwarz-weiße Sammelbüchsen in Form eines Rettungsbootes auf dem Tresen. Wer hier mal eine Münze (oder auch mehr …) spendet, tut ein gutes Werk. Auf diese Weise wird bereits seit 1875 Geld gesammelt.

Was heute so selbstverständlich wirkt, war vor knapp 200 Jahren ein Novum. Wenn früher ein Schiff auf See zu Schaden kam, spülten die Wellen das Wrack und im günstigsten Fall auch die Überlebenden an den Strand. Dort wurde von den jeweiligen Bewohnern in der Regel das Strandgut eingesammelt. Manche nannten das Strandräuberei, andere Strandrecht. Nur selten fuhr man mit einem Boot bei schlechtem Wetter aufs Meer, um in Not geratenen Seeleuten zu helfen. Das erschien den meisten als viel zu gefährlich. Im frühen 19. Jh. gab es aber doch erste Versuche, in Seenot geratenen Menschen zu helfen. Ein einschneidendes Ereignis in diesem Zusammenhang war der Untergang des Auswandererschiffes „Johanne“ vor Spiekeroog im Jahr 1854, bei dem 77 Menschen ihr Leben verloren. Die Empörung war groß und steigerte sich noch, als 1860 vor Borkum das englische Schiff „Alliance“ versank: Neun Menschen starben, weil wieder nicht vom Land aus geholfen werden konnte oder wollte und Insulaner sich lieber um das Strandgut kümmerten. Diese Geschichte verbreitete sich in ganz Deutschland, was zu einem Umdenken führte. Nun entstanden u. a. auf Juist und Langeoog erste lokale Rettungsvereine, 1861 gründete sich in Emden der Verein zur Rettung Schiffbrüchiger in Ostfriesland. Am 29. Mai 1865 schlossen sich diese lokalen Vereinigungen in Kiel in der DGzRS zusammen. Das Vorhaben war löblich, die Ausrüstung aber zunächst noch bescheiden. Die Retter hatten nur ein schweres Ruderboot, das oft von Pferden zum Strand geschleppt werden musste. Zur Sicherheit trugen sie Korkwesten und kämpften sich dann bei schlechtem Wetter gegen die hohen Wellen hinaus zu den Schiffbrüchigen. Eine Verbesserung war da schon das auf Borkum zum Einsatz kommende, 8,50 m lange Rettungsruderboot „Otto Hass“, denn es bestand aus kanneliertem Blech und war damit wesentlich leichter als ein herkömmliches Holzboot. Außerdem hatte es vorne und hinten Luftbehälter, die ein Sinken verhinderten. Es war zwischen 1894 und 1922 im Einsatz und steht heute im Heimatmuseum Dykhus (9). Mit ihm wurden 66 Menschen aus Seenot gerettet. Die letzte Rettungsaktion mit einem Ruderboot erfolgte 1926, seitdem kommen um Borkum Motorboote zum Einsatz. Diese Motorboote werden ständig weiterentwickelt und den Bedürfnissen angepasst. Beispielsweise sind die heutigen Seenotrettungskreuzer sogenannte „Selbstaufrichter“, die kentern können und sich selbst wieder aufrichten. Sie haben außerdem ein kleines Tochterboot an Bord, das auch in flacherem Wasser operieren kann. Die Mannschaft bleibt für jeweils 14 Tage an Bord, dann wird gewechselt. Die DGzRS hat in 54 Stationen an Nord- und Ostsee dauerhaft insgesamt

60 Seenotkreuzer und Seenotrettungsboote stationiert. Auf Borkum liegt der **Seenotrettungskreuzer „Hamburg“** an der Brücke 2 im Schutzhafen. Er wurde 2020 in Dienst gestellt, ist 28 m lang und hat fast 4000 PS, damit ist das Schiff 24 Knoten schnell. Auch auf den benachbarten Inseln Juist und Norderney liegt jeweils ein Schiff vor Anker, ebenso im Fährhafen Norddeich.

Leider gab es auch unter den Rettern Opfer tragischer Unglücksfälle. 1940 sank das Motorrettungsboot „Hindenburg“, wobei sechs Retter ums Leben kamen. 1995 ertranken zwei Besatzungsmitglieder der Alfried Krupp, als das Schiff in einem Orkan durchkenterte, seitdem hat dieses Schiff eine geschlossene Brücke. Aber es gab auch schon ganz andere Momente: Einmal kam ein Baby auf dem Seenotretter zur Welt und nach einer anderen besonders dramatischen Rettungsaktion wurden die drei Besatzungsmitglieder geehrt. 1951 strandete nämlich der englische Kohlefrachter „Teerswood“ unweit von Borkum und brach in zwei Teile. Die Retter kamen und konnten noch 13 Mann unter erschwerten Bedingungen retten, wobei ihr eigenes Rettungsboot beschädigt wurde. Die deutschen Retter wurden später hoch dekoriert, sogar von der britischen Regierung, was kurz nach dem Zweiten Weltkrieg keine Selbstverständlichkeit war.

*Der Seenotrettungskreuer „Hamburg“ ist auf Borkum stationiert*

102bo-DGzRS

kunden und besichtigen, in Kajüten, Kombüse und Kojen schauen, auch in den Funkraum und Maschinenraum, und die damalige Technik bewundern. Man erhält einen **guten Einblick in die damalige Arbeitswelt** und erfährt, wie die Seemänner auf diesem engen Raum lebten.

Obendrein dient das Schiff als **Informationsstelle für den Nationalpark Wattenmeer,** denn in seinem Bauch befindet sich die Ausstellung „Borkum, Insel der Vielfalt". Bei ihr handelt es sich um eine Ausstellung zur Natur der Insel mit zahlreichen „Anfassstationen" und vielen Infotafeln. Auf dem Feuerschiff kann auch geheiratet werden (Infos über Tel. 303222).

Ein weiteres ehemaliges Feuerschiff, die „Amrumbank" liegt in Emden im Ratsdelft-Hafen vor Anker.

› Am Neuen Hafen 9, per Linienbus bis Haltestelle „Nationalpark-Feuerschiff", Tel. 2030, https://feuerschiff-borkumriff.de, Eintritt: 4 €, Kinder ab 6 Jahren 2,50 €, geöffnet: April–Okt. Di.–So. 9.45–17.15 Uhr

## Borkum im Zeichen des Militärs

Kaiser Wilhelm II. erklärte Borkum 1902 zur Seefestung, damit begannen gravierende bauliche Veränderungen auf der Insel, denn sie wurde nun militärisch gesichert und ausgebaut. Kasernen, Bunker und Geschützstellungen errichtete man auch in den entfernteren Dünenzonen. Um aber das ganze schwere Material überhaupt dorthin transportieren zu können, mussten erst Gleisanlagen verlegt werden. Gleisstränge führten schließlich bis ins Ostland und sogar bis zur Steerenklippdüne 22.

Schließlich waren etwa 1500 Soldaten auf Borkum stationiert. Im Ersten Weltkrieg kam es auf der Insel zu keinerlei Kriegshandlungen, nach dem Krieg verschwanden zwar die meisten Soldaten, aber ab 1935 wurde dann erneut massiv aufgerüstet. So entstanden ein neuer Hafen, ein Militärflugplatz, ein Seefliegerhorst, außerdem mehrere Dutzend Geschützstellungen, zahlreiche Bunker, insgesamt etwa 300 Bauwerke, die militärischen Zwecken dienten.

Ab 1942 wurden aus Angst vor einer Invasion sogar Minen im Wasser versenkt und Panzersperren auf der Insel gebaut. Tatsächlich kam es aber auch im Zweiten Weltkrieg kaum zu Kriegshandlungen, allerdings zur grausamen Hinrichtung abgeschossener US-Piloten. Die Täter wurden nach Kriegsende schwer bestraft (detaillierte Informationen hierzu liefert das Heimatmuseum Dykhus 9).

Insgesamt waren ca. 5000 Soldaten auf der Insel stationiert, außerdem lebten auf Borkum wohl um die 1000 Zwangsarbeiter und Kriegsgefangene. Am 5. Mai 1945 übergab der Inselkommandant Borkum den Engländern, die daraufhin viele der Festungsanlagen sprengten und die meisten Gleisanlagen abbauten. Nur die Trasse der heutigen Borkumer Kleinbahn blieb erhalten.

Viele der Bunker sind heute zwar unter dem Dünensand verschwunden, doch einige kann man noch im Gelände erkennen, vor allem im Ostland.

Die große Kaserne am Hafen wurde bis zum Jahr 1996 von der Marine genutzt. Heute ist hier Deutschlands größte Jugendherberge untergebracht (s. S. 130).

## 20 Emmich-Denkmal ★ [D3]

Ein großes, von Arno Zauche geschaffenes Denkmal ehrt den General **Otto von Emmich** (1848–1915). Es ehrt zusätzlich die erste auf Borkum stationierte Garnisonseinheit, ein **Fußartillerieregiment aus Pommern.** Es wurde am 8. September 1917 feierlich eingeweiht, bei ihm handelt sich um einen zentralen Gedenkstein als Steinquader mit Waffen und Helm eines germanischen Kriegers. Am Fuß des Denkmals liest man die Inschrift: „Dem General der Infanterie Otto von Emmich", dann links: „dem ruhmreichen Führer des X. Armeekorps im Kriege 1914/15" und rechts: „Dem Eroberer von Lüttich". Gerade Letzteres ist eine ziemlich beschönigende Darstellung, die man wohl nur im zeitlichen Kontext verstehen kann. Von Emmich nahm als kommandierender General des X. Armeekorps an einer der ersten Kriegshandlungen des Ersten Weltkriegs teil, am Einmarsch in Belgien und der blutigen Eroberung von Lüttich, wobei es auch zu Übergriffen auf die lokale Bevölkerung und Erschießungen von Zivilisten kam, ein Kriegsverbrechen.

› Ostfriesenstraße 112. Unweit der Bushaltestelle „FKK-Strand" steht das Denkmal ausgeschildert am Ende eines schmalen und kurzen Weges etwas versteckt hinter Bäumen.

## 21 Ostland ★★ [E3]

Das Ostland ist verwaltungstechnisch einer von drei Ortsteilen von Borkum, es gibt neben dem Hauptort noch Reede, den Hafenbereich 18. Ostland besteht nur aus einer **Handvoll Häuser** und liegt **vier Kilometer ostnordöstlich der Stadt.** Urkundlich erwähnt wurde das Ostland erstmals 1650 und viele Jahrzehnte lang war diese Zone räumlich vom Rest der Insel getrennt, der Westland genannt wurde. Beide Inselhälften waren durch einen Sandstrand verbunden, der bei Flut regelmäßig überspült wurde, wenn Wasser in den Priel Tüskendör (Zwischendurch) lief. Nur bei Niedrigwasser konnte man das Ostland zu Fuß erreichen. 1752 siedelten sich die ersten Menschen im Ostland an, 1848 gab es hier erst ganze fünf Häuser, in denen 36 Menschen lebten, während im Westland bereits 83 Häuser standen. Schließlich baute man zwischen 1864 und 1869 am südlichen Tüskendör einen Damm, der Hinterdamm genannt wurde, dieser verband die Inselhälften, der Priel wurde damit verschlossen. 1934 baute man dann einen Sommerdeich entlang der Wattseite,

*Wie eine andere Welt: das ländlich geprägte Ostland*

026bo-mux

027bo-mux

dieser wurde 1975 zum **Neuen Seedeich** ausgebaut. Das Baumaterial, Sand und Klei, entnahm man gleich vor Ort dem Boden, so entstand eine große ausgebaggerte Vertiefung, die zum **Baggersee Tüskendörsee** wurde. Nun war die gesamte Landfläche im Hinterland vor den ständigen Überflutungen geschützt, was auch dem Flugplatz von Borkum zugute kommt.

Heute befinden sich im Ostland **zwei beliebte Ausflugslokale** (Bauernstuben, s. S. 94, und Café Ostland, s. S. 94), ein **Campingplatz** (s. S. 131) und ein **Wasserwerk** für die Trinkwasserversorgung von Borkum. Die Buslinie hat hier direkt vor dem Café Ostland seine Endhaltestelle. Von hier aus kann man **Wanderungen** oder auch **Radtouren** in die Natur unternehmen, u. a. entlang des Strandes zur Hooge Hörn (siehe Wanderung Nr. 4, S. 78) oder durch die Wiesen- und Dünenlandschaft an der Aussichtsdüne Sternklipp vorbei ebenfalls zur Hooge Hörn, dieser Weg ist direkter.

Mitten in den Dünen des Ostlands steht auf einer sieben Meter hohen Düne das dritte Kaap der Insel, die **Ostbake.** Der zylindrische Klinkerbau hat eine Höhe von ca. 7 m, wurde 1872 erbaut und trägt auf einer 6 m langen Stange ein Dreieck, dessen Spitze nach oben zeigt.

Zur Einkehr im Ostland bieten sich das **Café Ostland** und die **Bauernstuben** an.

› Vom Alten Leuchtturm 8 über die Reedestraße stadtauswärts gehen oder radeln und links in den Weg mit dem Namen „Franzosenschanze" abbiegen. Kurz nach dem Passieren des Sportplatzes liegt sie auf der linken Seite.

### 22 Aussichtsdüne Steerenklippdüne ★★ [G3]

Die Steerenklippdüne im Ostland 21 ist eine Aussichtsdüne von knapp 16 m Höhe, ursprünglich standen hier Bunker. Die Düne kann nur mit dem Fahrrad erreicht werden, unten an ihrem Fuß befindet sich ein großer Parkplatz für Fahrräder. Eine Treppe führt hinauf und von oben hat man einen tollen Rundblick über die Insel und das Meer, mit Glück und bei guten Sichtverhältnissen lassen sich Juist, Memmert und Lütje Hörn erkennen.

⌃ *Wildrosen im Ostland 21 nahe den Dünen*

# AUSFLÜGE

078bo ©Martin Bergsma, stock.adobe.com

Borkum ist schön, keine Frage, aber warum nicht einmal über den Tellerrand gucken und einen Ausflug unternehmen? Vielleicht zu einer der beiden benachbarten Inseln **Juist** oder **Norderney**, die beide sehr unterschiedlich sind. Hier das stille Juist, dort das etwas quirligere Norderney, beide mit einem phantastischen Strand gesegnet. Auch eine Tour ins niederländische **Groningen** lässt sich dank einer ausgezeichneten Verbindung mit Fähre und Bahn unproblematisch durchführen. Tickets für alle vier Touren werden am Schalter der Borkumer Kleinbahn am Bahnhof angeboten (Infos: www.borkumer-kleinbahn.de).

## Emden

Emden ist mit knapp 50.000 Einwohnern die **größte Stadt in Ostfriesland** und zudem eine der ältesten. Friesische Handelsreisende ließen sich bereits im 9. Jh. an der Ems nieder, nicht weit entfernt von der Stelle, wo der Fluss in die Nordsee mündet. Der Ort war geschickt gewählt, nahm man die kleine Siedlung vom großen Meer kommend doch zunächst gar nicht recht wahr. Umgekehrt hatten es die Händler und Fischer nicht weit bis zur offenen Nordsee. Der Hafen blieb auch später von großer Bedeutung für die Stadt. Einmal allerdings setzten die Emder aufs falsche Pferd. Als sie nämlich im 15. Jh. den Piraten **Klaus Störtebeker** unterstützten, gab es prompt Ärger mit der mächtigen Hanse. Aber das regelte sich später wieder. 1495 erhielt die Stadt das **Stapelrecht**, was besagte, dass vorbeifahrende Handelsschiffe zunächst für drei Tage ihre Waren auf dem Emder Markt anbieten mussten. Im 16. Jh. kamen calvinistische **Niederländer** in die Stadt und brachten neue Ideen und Kontakte mit, was sich auch auf den Wohlstand der Stadt auswirkte. Der **Hafen** entwickelte sich über all die Jahre gut und behielt trotz mancher Kriege bis heute seine wichtige Stellung. Seit 1964 baut VW hier in einem riesigen Werk Autos und über den Hafen werden noch immer Neuwagen ins Ausland

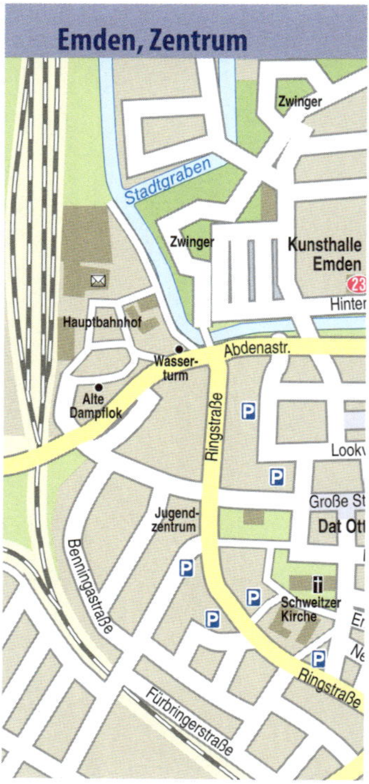


*Vorseite: Der Martinitoren in Groningen (s. S. 57) wird auch liebevoll „alter Grauer" genannt*

verschifft. Auch die Offshore-Industrie nutzt den Hafen verstärkt.

Kulturell hat Emden auch einiges zu bieten. Verantwortlich sind dafür zwei große Söhne der Stadt: Henri Nannen und Otto Waalkes. Der frühere Chef des Wochenmagazins Stern Henri Nannen hinterließ eine einzigartige Kunstsammlung, die heute in der **Kunsthalle Emden** ㉓ gezeigt wird. Dem Komiker Otto Waalkes ist ebenfalls ein ganzes Haus gewidmet, **Dat Otto Huus** ㉔, in dem auf Otto-typische Art seine Karriere gewürdigt wird. Ganz in der Nähe vom Otto Huus steht nahe dem Hafen das **Ostfriesische Landesmuseum** ㉕, in dem Einblicke in die Kulturgeschichte Ostfrieslands gegeben werden.

## ㉓ Kunsthalle Emden ★★★ [S. 40]

**Henri Nannen** stiftete seiner Heimatstadt 1986 die Kunsthalle und brachte seine eigene Bildersammlung mit Schwerpunkt auf der **Klassischen Moderne** mit ein. Etwa zehn Jahre später schenkte der Münchner Galerist Otto van de Loo der Kunsthalle ebenfalls seine eigene hochwertige Sammlung, was zu einem Ausbau des Museums führte. Heute verfügt die Sammlung über einen Bestand von etwa 1500 Bildern, hauptsächlich Werke der klassischen Moderne und der **zeitgenössischen Kunst.** Ein Teil davon wird in vier- bis fünfmal jährlich wechselnden Themenausstellungen gezeigt.

029bo-mux

› Hinter dem Rahmen 13, vom Bahnhof in gut 5 Min. zu Fuß erreichbar (ausgeschildert), Tel. 04921 975050 www.kunsthalle-emden.de, geöffnet: Di.–Fr. 10–17, Sa./So./Fei. 11–17 Uhr, erster Dienstag im Monat 10–21 Uhr, Eintritt: 10 €, erm. 7 €, Kinder bis 18 Jahre frei, jeden ersten Dienstag im Monat 17–21 Uhr freier Eintritt.
› Parken: Im Parkhaus am Wasserturm können Besucher vier Stunden kostenlos parken. Dazu muss man das Parkticket an der Museumskasse vorlegen. Es wird empfohlen, die Autobahnausfahrt „Emden West" zu nutzen.

*Ein Ottifant begrüßt die Besucher am Otto Huus*

## 24 Dat Otto Huus ★★ [S. 40]

Otto Waalkes, gebürtiger Emder, ist ein eigenes Museum gewidmet. Und wie könnte es anders sein, es ist eine Sammlung und Ausstellung zum Schmunzeln, schon aus dem Gebäude blickt ein Ottifant von oben auf die Besucher herab.

Unten befindet sich ein **Fanshop,** in dem man alles Mögliche kaufen kann, auf das sich ein Ottifant drucken lässt. Oben geht es mit einer **Ausstellung** zum Leben von Otto Waalkes weiter. Eine Menge Erinnerungsstücke zu seiner einzigartigen Karriere sind hier zu finden, z. B. Fotos, Poster, goldene Schallplatten und andere Otto-typische Artikel. Im Obergeschoss laufen dann im **Otto-Kino** Ausschnitte aus seinen Filmen und TV-Shows.

› Große Straße 1, Tel. 04921 22121, www.datottohuus.de, geöffnet: April–Dez. Mo.–Fr. 9.30–18, Sa. 9.30–14 Uhr, April–Okt. auch So. 10–16 Uhr, Eintritt: 4 €, Kinder 2 €

## 25 Ostfriesisches Landesmuseum, Rathaus am Delft ★★ [S. 40]

Hier wird anhand von Gemälden, Skulpturen, Landkarten, Schmiedekunst u. a. die **Kunst-, Kultur- und Landesgeschichte von Ostfriesland** beleuchtet. Außerdem sind **niederländische Gemälde des 17. und 18. Jh.,** das **Emder Ratssilber** und eine 1907 gefundene **Moorleiche** zu sehen.

Die große **Rüstkammer** zeigt eine der größten Waffensammlungen Deutschlands. Sie existiert bereits seit 1582!

Ergänzt wird die Dauerausstellung durch thematisch wechselnde **Sonderausstellungen.**

› Brückstraße 1, Tel. 04921 872058, www.landesmuseum-emden.de, geöffnet: Di.–So. 10–17 Uhr, Eintritt: Erw. 8 €, erm. 4 €, Kinder bis 15 Jahre frei, Familien 14 €

## Emden erreichen

Durch die insgesamt gute Anbindung lässt sich ein Tagesausflug sogar von der Insel Borkum aus organisieren. Die Borkumer Kleinbahn bietet von Mai bis Oktober ein **„Museumsticket Emden"** an, das die Fähre und ein Leihfahrrad beinhaltet, außerdem können die Kunsthalle 23 und das Ostfriesische Landesmuseum 25 besichtigt werden, auch eine Hafenrundfahrt ist eingeschlossen (Preis: 34,80 € bzw. 42,90 € mit dem Katamaran, Abfahrt ab Borkum Bahnhof: 7.15 Uhr).

Auf eigene Faust kann man diesen Ausflug natürlich auch unternehmen, eine Tagesrückfahrkarte für die Fähre kostet 28,50 €, Kinder (4–11 Jahre) zahlen 14,25 €. Hinzu kommen dann noch individuelle Kosten für Museumsbesuche.

# Juist

Juist ist Borkums östliche Nachbarinsel, aber obwohl sie räumlich so nah ist, unterscheidet sie sich doch deutlich von ihr. Mit einer Länge von 17 km ist sie die längste der Ostfriesischen Inseln, allerdings beträgt die Inselbreite gerade einmal 500 bis 900 Meter. Nur 1500 Menschen wohnen auf Juist. Der **Hauptort** unterteilt sich in Ostdorf und Westdorf, außerdem gibt es noch die kleine Siedlung **Loog.** Auch diese Insel entstand wie alle anderen Ostfriesischen Inseln durch Sandaufhäufungen, eine Besiedlung gilt seit dem 14. Jh. als erwiesen. Eine schwere Sturmflut zerriss Juist im Jahr 1651 in zwei Teile. In späteren Jahren trafen weitere schwere Sturmfluten auf die geteilte Insel und richteten schwere Schäden an. Auch die Kirche wurde mehrfach überflutet.

Die **Teilung in zwei Inselhälften** war auch der Grund, warum sich zwei Orte mit zwei Kirchen herausgebildet haben. Die räumliche Trennung wurde dann aber doch wieder überwunden, denn der beständig wehende Wind trieb Sand vor sich her, bis die Lücke zwischen den Inselteilen letztlich wieder geschlossen war. Es dauerte aber bis zum Ende des 19. Jahrhunderts, ehe die Insel endgültig wieder geschlossen war.

Durch die Sandanspülung entstand an der Westseite ein sehr **schöner, feinsandiger Strand.** Es gibt dort keine Buhnen (Dämme) und der Strand erstreckt sich über die vollen 17 Kilometer Insellänge. Das Areal zählt zu den schönsten Strandgebieten, die Ostfriesland zu bieten hat.

Die **Nordseite** der Insel wird durcheine Dünenkette geschützt, davor breitet sich der Strand aus. Die **Südseite** schützt ein 8,50 m hoher Deich, der zwischen Ostdorf und Loog verläuft. Weiterhin prägen Salzwiesen die südliche Inselhälfte, ein Großteil dieser Zonen gehört zum Nationalpark Wattenmeer und kann nicht betreten werden. Je eine Straße führt in den Westen und in den Osten der Insel, ganz im Osten liegt auch der kleine Flugplatz.

Der Ortsteil **Loog** liegt heute etwa 2,5 km westlich vom Hauptort und die Juister Bewohner behaupten, dass es dort noch ruhiger zugehe, und das will angesichts des beschaulichen Hauptorts schon etwas heißen. Nur

030bo-mux

Pferdegetrappel kann man regelmäßig hören, denn jeglicher Transport erfolgt mit **Kutschen und Pferdewagen,** auch die Müllabfuhr arbeitet mit Pferden. Die **Insel ist autofrei,** es gibt nur Fahrräder und ansonsten stört kein Lärm. Die Straßen sind zumindest in den Randgebieten auf die Pferdefuhrwerke ausgelegt. Das heißt, links und rechts ist die Straße gepflastert, die Mitte der Fahrbahn bleibt sandig und dort trotten die Pferde durch – eine ganz andere Welt.

Wer Borkum schon als beschaulich empfindet, wird hier ganz automatisch noch einen Gang herunterschalten – und sich nach der Rückkehr über die Hektik in Borkum-City wundern …

## Sehenswertes auf Juist

Der **Ort** liegt etwa inselmittig und ist überschaubar. Er kann problemlos in einem ausgedehnten Spaziergang erkundet werden. Bereits beim Einlaufen des Schiffes in den Hafen werden ankommende Gäste von einem auffälligen Juister Wahrzeichen begrüßt, dem **Seezeichen.** Dieses 17 m hohe Stahlkonstrukt ist leicht gebogen und soll an eine im Wasser treibende Boje erinnern. Sie steht am Ende einer 350 m langen Seebrücke direkt an der Wasserkante.

*Der schöne Strand von Juist*

Vom Fähranleger kommend, wird rasch der Kurplatz im Ortskern erreicht, hier steht auch der **Musikpavillon,** in dem in der Saison Kurkonzerte stattfinden. Im weiteren Umfeld dieses Platzes befinden sich einige Lokale und mehrere Geschäfte, die sich allerdings nicht selten eine ausgedehnte Mittagspause gönnen, was etwas verwundert angesichts der nicht geringen Anzahl der Tagesgäste, die regelmäßig von Borkum oder Norderney kommen und teilweise auch vom Festland. Allerdings achtet man auf Juist auch auf die Ruhezeiten, die offiziell von Mitte März bis Ende Oktober festgelegt sind.

Vom Kurplatz aus wird die **Strandstraße** erreicht, wo das **Rathaus** steht. Sich etwas nach rechts haltend, erreicht man dann den zentralen **Janusplatz mit kleinem Park** und einigen **historischen Häusern,** darunter auch an der Friesenstraße 19 das 1811 erbaute **Haus Siebje.** Es verkörpert stellvertretend die alte Juister Bautradition, heute ist hier ein Glasatellier untergebracht.

Schon von Weitem erblickt man dann den **Wasserturm**, der sich neben dem Haus des Kurgastes auf dem höchsten Punkt der Insel vor den Dünen erhebt. Die Juister nennen diesen Turm übrigens „Doornkaatbuddel“, nach einer beliebten Schnapsmarke (siehe auch das Gedicht von Wilhelm Busch auf S. 28). Von dort oben genießt man einen tadellosen Blick über die Insel und den Strand.

Und dann wäre da natürlich noch der **sagenhafte Strand!** Vom Fähranleger kommend, geht man geradeaus und stößt zwangsläufig irgendwann auf ihn. Man steht an der Dünenkante oder an einem der Strandübergänge und schaut staunend über eine Szenerie wie aus einem Bilderbuch! Vor einem rollt sich der helle Strand aus, ein paar Strandkörbe heben sich als Farbtupfer ab, im Hintergrund brechen die Wellen der anrollenden Nordsee, ein leichter Wind weht einem durchs Haar, einfach herrlich! Wie breit der Strand ist? Irgendetwas zwischen 100 und 200 Metern, je nach Tide. Er wird von einer Dünenkette und einer direkt dahinter verlaufenden, **1,5 km langen Promenade** ohne große touristische Infrastruktur begrenzt. Mitten durch diese Kurpromenade verläuft auch der siebte Längengrad, eine Bodenplatte dokumentiert die exakte Stelle. An mehreren Punkten wurden Strandübergänge zwischen den Dünen geschaffen und es gibt drei **Aussichtspunkte,** von denen aus man die volle Schönheit des Strandes sehr gut betrachten kann.

Im **Inselmuseum Juist** werden unterschiedliche Aspekte der Insel Juist beleuchtet, darunter die Entwicklung von der Entstehung der Insel bis hin zum heutigen Seebad. Weitere Themenbereiche sind das Alltagsleben der Insulaner, aber auch Küstenschutz und Seenotrettung.

› **Inselmuseum Juist** <001> Loogster Pad 29, www.inselmuseum-juist.de, Eintritt: 5 €, erm. 2 €, Familien 11 €, geöffnet: Ende März–Anf. Nov. Mo.–Mi./Fr. 9.30–13, 14.30–17.30, Do. 9.30–13, So. 14.30–17, Anf. Nov.–23. Dez. Di./Sa. 14.30–17 Uhr.

› **Nationalpark-Haus Juist** <002> Carl-Stegmann-Straße 5, Tel. 04935 1595, geöffnet: Mitte März–Anf. Nov. Di.–Fr. 10–18, Sa./So./Fei. 15–18, 8. Jan.–Mitte März Mi./Fr. 10–12, 16–18 Uhr, Eintritt frei. Das Nationalpark-Haus steht unweit vom Hafen. Hier wird eine gut gemachte Ausstellung zum Wattenmeer gezeigt, die tiefe Einblicke in die Tier- und Pflanzenwelt dieses einzigartigen

Ökosystems bietet. Man erfährt viel über die Juister Natur im Nationalpark Wattenmeer, die durch einige Landschaftsnachbildungen gut dargestellt ist. Außerdem gibt es einige Schauaquarien mit Nordseebewohnern.

## 26 Evangelisch-lutherische Inselkirche ★

Die Evangelisch-lutherische Inselkirche hatte **fünf Vorgängerbauten**, die alle mittlerweile verschwunden sind. Sturmfluten, Sandverwehungen und schlichte Verwitterung sorgten im Lauf der Jahrhunderte für ihren Untergang. Eine erste Kirche entstand um 1400, sie war die bis heute größte, allein ihr Turm maß 57 m, er diente zugleich als Seezeichen. Sie wurde durch eine Sturmflut im Jahr 1651 schwer beschädigt und stürzte schließlich ein paar Jahre später ein. Sogleich wurde eine zweite Kirche erbaut, allerdings in kleineren Dimensionen, aber auch sie wurde schließlich nach knapp 80 Jahren ein Opfer der Fluten und Sandverwehungen. Dann entstanden zwei Kirchen durch die von Sturmfluten erzwungene Inselteilung, sie hielten über längere Zeiträume, aber selbst die fünfte Kirche musste 1962 wegen Witterungsschäden abgerissen werden. Die heutige, **sechste Kirche** steht seit 1964 auf den Grundmauern ihres letzten Vorgängerbaus, der markante Turm wurde 1967 fertiggestellt.

Das Gotteshaus ist ziemlich klein gehalten und im Inneren insgesamt sehr hell gehalten. Es zeigt sich von einer reduzierten, leicht herben Schönheit. Statt der üblichen Bänke sind Stühle aufgestellt. Es dominieren die farbigen **Glaskunstfenster**, die Wassermotive der Bibel zeigen. Genau in der Mitte hängt ein **Dreimast-Votivschiff** von der Decke. Ein großes **Mosaik** mit dem Titel „Petri Fischzug“ prägt die Rückwand im Innern. Das Kunstwerk wurde von Juister Schülern geschaffen.

› Wilhelmstraße 42, geöffnet: tägl. 8 Uhr bis Sonnenuntergang

## 27 Katholische Kirche zu den Heiligen Schutzengeln ★

Auf der Insel selbst lebten nur wenige Katholiken, aber seit dem Ende des 19. Jahrhunderts kamen immer mehr katholische Urlauber. Messen wurden anfänglich in einem Lokal gefeiert, aber schließlich war der Wunsch nach einer eigenen Kirche doch stärker und so wurde dieses Gotteshaus mit Unterstützung des Bistums Osnabrück schließlich gebaut und die kleine Kirche 1910 geweiht.

In ihrem Innern dominiert ein **Fresko** an der Seitenwand, das die Verkündung des Evangeliums durch den

109bo-mux

*⊲ In der ev.-luth. Kirche auf Juist sind das Votivschiff und das Kunstwerk „Petri Fischzug“ dominierender Blickfang*

heiligen Ludger auf der alten Ostfriesischen Insel Bant im 8. Jh. darstellt. Die **Fenster im Chorraum** zeigen das Motiv „Schutzengel auf Juist“ und den Heiligen Nikolaus von Myra, den Schutzpatron der Seefahrer. Der Altar ist aus Bronze und verfügt über ein Relief mit dem Titel „Sturm auf dem Meer“.

› Dünenstraße 16

### 28 Otto-Leege-Pfad ★

Der **Lehrpfad** ist nach dem Forscher Otto Leege (1862–1951) benannt, der auf Juist naturkundliche Studien betrieb. Er liegt knapp 2 km östlich vom Hauptort in den Dünen und ist ein künstlerisch gestalteter Weg, der die **ökologischen Zusammenhänge auf der Insel** aufzeigt. Er führt ausgehend von der Flughafenstraße sehr schön und ruhig über zwölf Stationen. Besucher wandern durch die Dünenlandschaft und passieren Infotafeln und Kunstwerke wie eine Wasserklangschale. In einer Schutzhütte sind die Lebensdaten von Otto Leege zusammengestellt. Der Weg endet an einer Aussichtsplattform vor dem Strand.

## Juist erreichen

Tagesausflüge nach Juist werden in der Saison von Juni bis September **einmal pro Woche** von der Borkumer Kleinbahn angeboten. Die Abfahrt vom Inselbahnhof Borkum ist um 7.15 Uhr, die Rückfahrt ab Juist erfolgt um 17.45 Uhr. Der gesamte Transfer (Inselbahn und Schiff) dauert etwa 1¾ Stunden. Es gibt auch einen Ausflug mit sehr kurzem Aufenthalt, dessen Zeiten aber wechseln. Das Ticket kostet für Erwachsene 44 €, für Kinder 25 € (4–11 Jahre) bzw. 32 € (12–17 Jahre).

## Gastronomie

› **Baumann's** € <003> Bahnhofstraße 4, Tel. 04935 990231, geöffnet: Fr.–Di. ab 11 Uhr. Vom Fähranleger kommend, geht man automatisch an diesem Lokal vorbei. Es ist eine Mischung aus Café und Restaurant mit einem Balkon in der oberen Etage, wo man auch sitzen kann und mit Glück einen Logenplatz mit Blick auf die vorbeigehenden Gäste hat, denn das Lokal liegt sehr zentral beim Kurplatz. Es ist wie ein charmantes Kaffeehaus eingerichtet und es gibt verschiedene Kaffeespezialitäten, Kuchen, Eis und eine Bistroküche.

› **Hohe Düne** €€ <004> Strandpromenade 5, Tel. 04935 9210972, geöffnet: Mi.–So., in der Saison tägl. ab 11 Uhr. Das Restaurant bietet internationale Küche mit Fisch und Fleisch, aber auch vegetarische Gerichte, abends wird eine spezielle Abendkarte gereicht. In der netten Schirmbar gibt es bei schönem Meerblick Cocktails.

› **Strandhalle** €€ <005> Promenade 3, Tel. 04935 7594092, geöffnet: März–Okt. ab 10 Uhr. Die Strandhalle befindet sich in bestechender Lage, hat eine Terrasse direkt vor den Dünen und kann ebenfalls auf eine lange Geschichte zurückblicken, die sich bis ins Jahr 1905 zurückverfolgen lässt. Geboten wird eine Tageskarte, auch Frühstück bis 12 Uhr, für Kinder gibt es eine eigene Karte. Am Nachmittag zur Teetiet werden Blechkuchen oder Torte serviert, später gibt es eine Abendkarte.

› **Velero** €€ <006> Strandpromenade 7, Tel. 04935 921522, geöffnet: Di.–So. ab 11 Uhr. Große Terrasse, gekocht wird mit frischen, saisonalen Produkten, die Küche ist von 11 bis 15 und ab 18 Uhr geöffnet, von 15 bis 17 Uhr werden u. a. Kuchen und Waffeln angeboten. Es gibt Fisch- und Fleischgerichte, kreativ gestaltet. Eine nette Terrasse liegt unmittelbar bei den Dünen.

# Norderney

Norderney ist zwar nicht die größte Ostfriesische Insel, aber diejenige mit dem stärksten städtischen Charakter, was allerdings nur für den **Inselort** gilt, den größten aller sieben Inseln. Wer die Stadt verlässt, erreicht sogleich eine andere Welt, nämlich eine **beeindruckende Naturlandschaft von bezaubernder Schönheit.** Allein schon die Annäherung: Gemächlich schwimmt das Schiff hinüber, man nähert sich der städtischen Silhouette mit den schicken Häusern am noch schickeren Strand. Seehunde räkeln sich gemütlich weit draußen im Meer auf einer Sandbank und Möwen segeln lässig vorbei und begrüßen die Gäste krächzend.

Die Insel misst 14 km in der Länge und ist etwa 2 km breit. Ganz im Westen liegt der Inselort, der immerhin 6000 Einwohner zählt. Von der Einwohnerzahl ist er also schon mal vergleichbar mit einer Kleinstadt, von der Bausubstanz ebenfalls. Was das Angebot an **Geschäften, Hotels, Gastronomie** und auch **Kulturveranstaltungen** betrifft, kann sich Norderney allerdings mit so mancher deutlich größeren Stadt messen und nicht zuletzt auch deswegen wird Norderney von allen sieben Ostfriesischen Inseln am stärksten besucht.

Der **Tourismus** hat sowieso eine lange Tradition auf der Insel, schon seit 1797 kommen Besucher nach Norderney, nachdem hier auf der Insel das erste Seebad an der deutschen Nordsee gegründet wurde. Über sagenhafte 14 km erstreckt sich ein **feinsandiger, breiter Sandstrand** entlang der gesamten dem Meer zugewandten Seite von West nach Ost. Begrenzt wird er von einem Dünengürtel, durch den nur wenige Wege führen, die meisten sind Fußgängern und Radfahrern vorbehalten. Überhaupt ist das Autofahren auf der Insel stark eingeschränkt. Zwischen Ostern und den Herbstferien sind große Teile der Stadt für Autos gesperrt.

Die **südliche Inselseite** grenzt ans **Wattenmeer**, dort zeigt sich eine ganz andere Seite der Natur. Zweimal am Tag fällt dieses einzigartige Ökosystem trocken. Das Eiland bietet also auf relativ überschaubarem Raum eine **spannende Mischung aus wunderschöner Natur und quirligem urbanen Leben**, zu dem auch ein veritables Nachtleben gehört.

Norderney ist eine **Fahrradinsel**, verschiedene gut unterhaltene und überwiegend gepflasterte Radwege verlaufen durch die Dünen bis zur Ostspitze, die Ostheller genannt wird, diese Wege muss man sich allerdings mit Fußgängern teilen. Die Wege sind gut ausgeschildert und bei einer Fahrt durch die Dünen nimmt einen die landschaftliche Schönheit sofort ein. Wer dagegen nur im Inselort bleiben möchte, benötigt kein Fahrrad, selbst der Weg vom Fähranleger in die City ist überschaubar und auch zu Fuß machbar, kein Vergleich mit dem langen Weg vom Hafen in den Ort auf Borkum.

Die **Stadt Norderney** bietet auch eine ganze Menge, sodass man hier schon locker einen Tag gut verbringen kann, ohne sich zu langweilen. Immerhin gibt es heute noch über 100 denkmalgeschützte Häuser im Stadtgebiet, darunter **Häuser im wilhelminischen Stil, im Jugendstil und in der Tradition der Bäderarchitektur.** Die erste Häuserreihe am Meer ist heute überwiegend von modernen Zweckbauten geprägt, aber vereinzelt stehen auch noch historische Gebäude dazwischen. Das Zentrum

032bo-mux

des Ortes befindet sich beim Kurplatz mit dem Conversationshaus 29, das noch heute einen gewissen hochherrschaftlichen Glanz ausstrahlt. Aber nur wenige Schritte entfernt wird es bodenständig, die Shopping- und Kneipenmeile öffnet sich. Viele Geschäfte liegen in der schmalen Strandstraße, aber auch in der Post-, Friedrich- und Jann-Berghaus-Straße und überall dazwischen gibt es Lokale.

## 29 Conversationshaus ★★ [S. 50]

Das markante weiße Gebäude steht im Ortskern vor dem Kurpark. Über dem Portal liest man in goldenen Buchstaben „Conversationshaus", dies drückt noch heute den Stellenwert aus, den das Haus bereits vor etwa 200 Jahren hatte. Heute ist hier die **Touristeninformation** untergebracht, früher war das Gebäude ein wichtiger Treffpunkt der Sommergäste. Das Conversationshaus ist noch heute sehr stilvoll eingerichtet. Außer der Touristeninformation befinden sich hier ein **Café** und ein **Geschäft mit Norderney-Produkten.** Obendrein gibt es eine Bibliothek mit hohen Bücherregalen und großem Bestand, in der sich auch Urlauber Lektüre ausleihen können. Daneben findet sich ein Lesesaal mit klassischen tiefen Ledersesseln und mehreren Zeitungen.

› Am Kurplatz 3, Tel. 04932 891900, Tourist-Info: Mo.–Fr. 10–17, Sa. 10–13 Uhr, Café Fr.–Mi. 10–22 Uhr

## 30 Evangelische Inselkirche ★★ [S. 50]

Die evangelische Kirche wurde zwischen 1878 und 1879 im **neogotischen Stil** erbaut. Kaiser Wilhelm I. übernahm einen großen Teil der Baukosten und die Kirche wurde schließ-

⌃ *Das historische Conversationshaus beherbergt heute die Touristeninformation*

## Norderney, Zentrum

0
200 m
© Reise Know-How 2024
1
2
Georgshöhe
32
Strandpromenade
Kaiserstraße
Am Januskopf
Am Januskopf
Nienburgstraße
Benekestraße
Das Kap
Tannenstraße
Weidaschstraße
Ellernstraße
Mühlenstraße
Knyphausenstraße
Moltkestraße
Kath. Kirche Stella Maris
Roonstraße
Goebenstr.
Bismarckstr.
Knyphausenstraße
Benekestraße
Winterstraße
Frisiastraße
Schulzenstraße
Maybach-
straße
Luciusstraße
Kaiser-Wilhelm-Denkmal
31
Kath. Kirche St. Ludgerus
Bogenstraße
Seilerstraße
Kreuzstr.
4
Friedrichstr.
Schmiedestr.
6
5
Jann-
Berghaus-
Straße
An der Schanze
Gartenstraße
Mühlenstraße
Herrenpfad
Altes Postamt
Poststraße
Fischerstraße
Lange Str.
Lange Straße
straße
Oster-
Garten straße
Feldhausenstraße
Napoleonschanze
Windmühle Selden Rüst
Kurpark
Heinrich-Heine-Denkmal
Kurtheater
Poststraße
Bäckerstr.
Wedelstr.
Adolfsreihe
Janusstraße
Rosenweg
Marienstraße
straße
Am Kurplatz
Neuer Kurpark
P
29
Conversationshaus
P
Bülowallee
Hafenstraße
Weststrandstraße
Up Süderdün
Up Süderdün
33
Fischerhaus-Museum
Habenpatt
Südwesthörn
Windjammer Kai
34
Bademuseum

lich am 11. Juni 1879 geweiht. Es war der Tag der Goldenen Hochzeit seiner Kaiserlichen Majestät, was man wohl als Zeichen der Dankbarkeit vonseiten der Nordeneyer verstehen darf. Eine kleine Gedenktafel oben links (Blickrichtung Altar) an der Empore erinnert an dieses Datum: „Unter Gottes Segen erbaut durch Kaiserliche Manificenz 1878", so lautet der Eingangstext und erinnert weiter an die Goldene Hochzeit von Kaiser Wilhelm und Kaiserin Augusta.

Der **Kirchturm** misst 25 m und diente den Seeleuten als zusätzlicher Orientierungspunkt. Das Kircheninnere ist relativ schlicht gehalten, die **Decke** zeigt eine rot-weiße Bemalung. Zwei **Votivschiffe** hängen von der Decke. Sie stammen aus dem Jahr 1808 (das mit den Segeln) bzw. 1904 und sind Modelle von bewaffneten Dreimast-Handelsschiffen.

Auf dem alten **Kirchfriedhof** stehen noch 35 Grabsteine aus der Zeit von 1822 bis 1888. Manche von ihnen erzählen Geschichten aus dem bewegten Leben der Verstorbenen.

› Kirchstraße, geöffnet: Mo.–Do. und Sa. 8–17, Fr. 12–17 Uhr, So. nach dem Gottesdienst bis 17 Uhr, Kirchenführungen: April–Okt. Di. 11 Uhr

## 31 Kaiser-Wilhelm-Denkmal ★ [S. 50]

Das auffällige monumentale Denkmal steht in der Friedrichstraße und wirkt auf den ersten Blick vielleicht sogar ein wenig verstörend. Erbaut wurde es 1898 zu Ehren von **Kaiser Wilhelm I. und der Reichsgründung von 1871.** Damals wurden in Deutschland viele derartige Denkmäler errichtet, die Kaiser-Begeisterung schwappte durchs ganze Land und erreichte auch Norderney. Nachdem verschiedene Vorschläge für die Gestaltung des Denkmals bewertet und aus unterschiedlichsten Gründen abgelehnt worden waren, konnte man sich auf den Entwurf von Georg Kürstadt festlegen. Ihm liegt der Gedanke zugrunde, dass sich Städte und Provinzen symbolisch in einer Stele vereinigen sollten.

Über 130 Städte wurden angeschrieben und um eine Stein-Spende gebeten, aus insgesamt 75 deutschen Städten und Provinzen wurden schließlich Steine geschickt, teils unter ziemlichen Mühen, wenn man die Größe der Steine bedenkt, die auf Norderney zu einem **spitz zulaufenden Obelisken** geformt wurden. Auf 61 der gespendeten Steine sind die Herkunftsorte benannt, einige davon sind sehr symbolträchtig. Die Kölner schickten einen Stein aus der historischen Stadtmauer, die Frankfurter einen aus dem Römer, dem Krönungsort deutscher Kaiser von 1562 bis 1792. Die Steine aus Hamburg, Bremen, Baden-Baden und München konnten nicht eingefügt werden, sie wurden an den vier Seiten platziert und durch eine Ankerkette verbunden, die von der Kaiserlichen Werft in Kiel geliefert wurde.

## 32 Georgshöhe ★ [S. 50]

Diese Aussichtsdüne wurde nach König Georg V. von Hannover benannt. Früher befand sich hier eine Signalstation für die Schifffahrt, heute ist oben eine Aussichtsplattform zu finden, zu der eine Treppe führt. Man genießt dort oben einen **schönen Rundblick über den Strand,** die unterhalb liegenden Lokale, den angrenzenden Minigolfplatz und auch über die Stadtsilhouette bis hinüber zum Festland, wo sich ein paar Windräder drehen.

## 33 Fischerhaus-Museum ★★★ [S. 50]

*Das Museumshaus ist der Nachbau eines alten Norderneyer Fischerhauses aus dem 17. Jh., das zwischen 1934 und 1937 entstand. Es ist ein Beispiel für ein Haus, in dem früher drei Generationen unter einem Dach lebten und führt Besucher mit vielen authentischen Ausstellungsstücken zurück in eine längst vergessene Zeit.*

Die einzelnen Räumlichkeiten wie **gute Stube, Küche und Altenteil** lassen sich noch gut unterscheiden. Das Haus ist mit vielen historischen Gegenständen, Arbeitsgeräten, Schmuckstücken, die auch mal aus Haar geflochten sein können, Möbeln und Zeitungsausschnitten bestückt, alte Schlittschuhe liegen neben historischen Bibeln. Es vermittelt einen guten **Eindruck von der Lebensweise der ehemaligen Besitzer.** Alles ist liebevoll zusammengestellt, in den recht engen und niedrigen Räumen lohnt ein Blick auf die Delfter Kacheln und die klassischen engen Schlafbutzen.

› Weststrandstraße, Tel. 04932 927894, www.heimatverein-norderney.de, Öffnungszeiten und Preise siehe Website

## 34 Bademuseum ★★★ [S. 50]

*Das Museum ist im Gebäude des ehemaligen Freibads untergebracht und dokumentiert die lange Geschichte der Urlaubs- und Badekultur auf der Insel Norderney und damit verbunden auch die Entwicklung des Seebads.*

In der Dauerausstellung wird die **Geschichte von Norderney** durch viele historische Fotos, Plakate, Strandutensilien, Bademoden der verschiedenen Epochen und anhand sehr anschaulich nachgestellter Szenen, z. B. ein recht spartanisch eingerichtetes „Fremdenzimmer“ aus den 1920er-Jahren „mit fließend warmem und kaltem Wasser und preiswertem Mittagstisch“, sehr eindrucksvoll dargestellt. Erklärt werden auch die an-

*Schöne Bäderarchitektur auf Norderney*

031bo-mux

fänglich mühsamen Anreisemöglichkeiten. Heutige Besucher bestaunen die damalige Reise- und Bademode mit den seinerzeit noch streng getrennten Schwimmbereichen für Damen und Herren. Im Nebenraum werden ergänzend **Wechselausstellungen** zu Norderney-Themen gezeigt.

› Poppe-Folkerts-Weg 3 B, Tel. 04932 935422, www.museum-norderney.de, Eintritt: Erw. 6 €, erm. 4 €, 8–18 Jahre 2 €, geöffnet: Di.–Fr. 11–17, Sa./So. 14–17 Uhr

## Die Strände

Bereits bei der Anreise kann man einen Teil der Strände vom Schiff aus sehen und in der Tat wird der Ort Norderney an drei Seiten von Stränden begrenzt, nur die südliche Zone beim Hafen an der Wattseite hat keinen. Auf der gegenüberliegenden Seite zieht sich der feine Sandstrand dagegen über 14 km bis hoch zur äußersten Ostspitze.

### Weststrand

Der Westen hat einen eher **schmalen Strand.** Er befindet sich direkt vor der Promenade mit etlichen Hotels und Ferienwohnungen, was vom Meer aus betrachtet einen **schönen Anblick** bietet. Die Promenade fällt zum Strand mit einem steinernen Deckwerk hin ab, das optisch vielleicht nicht ganz so schön aussieht, aber seinen Zweck als Küstenschutz erfüllt. Insgesamt ist der Weststrand von der Stadt aus am schnellsten zu erreichen.

### Nordstrand

Der **Nordstrand** liegt ebenfalls noch knapp im Stadtbereich, er zeigt sich schon **deutlich breiter,** bei Ebbe kann er sich auf 200 m ausdehnen. Mit der Georgshöhe und den dortigen Lokalen hat sich ein beliebter Anziehungspunkt entwickelt, der auch und gerade zum Sonnenuntergang immer sehr gut besucht ist. Der Strand ist bewacht. Viele Urlauber kommen hier-

033bo-mux

035bo-mux

her, da die Strandzone von der Stadt aus recht einfach zu erreichen ist. Anfänglich wird der Strand noch von Häusern begrenzt, aber ein Großteil wird von Dünen begleitet. Die Strandpromenade zieht sich jenseits vom Café Cornelius vor den Dünen entlang. Der Nordstrand geht im Verlauf nahtlos in den **Oststrand** über, der aber schon ein paar Kilometer außerhalb liegt.

## Gastronomie

- **Andre's Restaurant** €€ <007> Friedrichstr. 20, Tel. 3348, Do.-Di. 10-23 Uhr. Draußen bietet das Lokal eine kleine Terrasse, drinnen ist es ein relativ großes, geerdetes Lokal, das im Eingangsbereich über einen nicht gerade kleinen Tresen verfügt. Serviert wird eine variantenreiche Bistroküche, am Abend dann auch Barbetrieb mit Cocktails.
- **de Vries** €€ <008> Am Nordstrand 3, Tel. 935111, www.devries-norderney.de, geöffnet: Di.-So. 11-23 Uhr. Tolle Lage mit großer Terrasse zum Strand. Es gibt Fisch- und Fleischgerichte, Suppen, Salate und regionale Gerichte. In der Badehalle direkt daneben befindet sich eine Austernbar.
- **Milchbar** €€ <009> Damenpfad 33, Tel. 927344, geöffnet: tägl. 11-22 Uhr. Ein Klassiker an der Promenade. Ein Pavillon mit großer Panoramascheibe und einer großen Terrasse, am Abend zum Sonnenuntergang meist sehr voll. Dann werden Getränke an Selbstbedienungstresen verkauft, vor denen sich eine lange Schlange bildet. Drinnen hockt man sehr nett auf lässigen Sitzen vor der riesigen Fensterfront. Es gibt Bistroküche, auch Außer-Haus-Verkauf und regelmäßig Livemusik.
- **Norderneyer Fischmann** € <010> Jann-Berghaus-Str. 24, Tel. 934457, geöffnet: meist 10.30-18 Uhr. Ein echtes Insel-Original verkauft hier Fischbrötchen, frischen Fisch, Krabben und Räucherfisch, aber auch kleine Gerichte.

*Ein Strand wie gemalt im milden Abendlicht von Norderney*

*So lässt es sich aushalten: Terrassenlokale laden zur Pause ein und der Blick aufs Meer könnte nicht schöner sein*

- **Surfcafé** €€ <011> Am Januskopf 9, Tel. 935750, www.surfcafe.info, geöffnet: tägl. 9–23 Uhr. Langschläferfrühstück bis 14 Uhr, ansonsten hauptsächlich norddeutsche Küche, auch zum Mitnehmen. Insgesamt ein lässig-junges Lokal, das sich unweit der Georgshöhe beim Strand befindet. Rundbau mit Terrasse, von der aus man einen schönen Blick aufs Meer hat. Wer möchte, kann sich auch einen Picknickkorb packen lassen.
- **Weststrandbar** € <012> geöffnet: spätestens ab 12 Uhr. Liegt wunderschön auf dem Deich direkt am Weststrand und ist eine Filiale des Norderneyer Brauhauses. Nicht viel mehr als ein halboffenes Gebäude mit wenigen Tischen und Bänken. Es gibt auch andere Getränke, nicht nur das sehr süffige selbstgebraute Bier, und selbst kleinere Gerichte können geordert werden, aber hauptsächlich kann man hier unvergleichlich entspannt ein „lecker Bierchen" zischen.

## Einkaufen

Norderney bietet eine **erstaunliche Bandbreite an kleinen Läden**, die keinesfalls nur die typischen Strandutensilien verkaufen, die man an jedem Badeort findet. Nein, hier gibt es Schmuck- und Modegeschäfte, die jeder Kleinstadt zur Ehre gereichen würde, darunter auch mehrere namhafte Markenläden und viele kleine lokale Händler, beispielsweise Fischhöker, Teegeschäfte oder auch Läden mit Sanddorn-Produkten. Die Haupteinkaufszone konzentriert sich auf wenige Straßen, vor allem die Poststraße, die Strandstraße, die Jann-Berghaus-Straße und die Friedrichstraße nebst einigen Nebenstraßen. Da alle zu Fußgängerstraßen umgestaltet sind, lässt es sich hier wunderbar flanieren. Durch die Bäderregelung können die Läden meist auch am Sonntag öffnen, was aber längst nicht alle tun.

- **Sanddornstübchen** <013> Friedrichstraße 28, Tel. 81188, geöffnet: Mo.–Sa. 10–18 Uhr. Wie der Name schon vermuten lässt, gibt es hier viele Produkte aus Sanddorn, u. a. über 50 Teesorten, auch Schnaps oder Trüffel, Konfitüre, Säfte und Honig.

## Norderney erreichen

Derzeit werden von Borkum aus keine Tagesausflüge nach Norderney angeboten, das kann sich aber auch wieder ändern. Auf eigene Faust reist man zunächst am besten mit dem frühen Katamaran (7.15 Uhr) zum Hafen von Emden, von dort mit Bus oder Zug zum Bahnhof Emden und fährt dann mit der Bahn hoch nach Norddeich-Mole, wo fast stündlich die Fähre nach Norderney ablegt. Zurück kommt man auf dem gleichen Weg.

Vom Schiffsanleger auf Norderney aus kann man zu Fuß in etwa 15 bis 20 Minuten in die Stadt gehen oder man nimmt einen Linienbus, beispielsweise die Linie 1, die in den westlichen Teil des Ortes fährt. Zu Fuß einfach der Gorch-Fock-Straße folgen bzw. der Hafenstraße, beide münden schließlich in die Bülowallee, die zum zentralen Kurplatz führt. Von dort lässt sich alles Interessante entdecken, sowohl die wenigen Sehenswürdigkeiten als auch die Strände und die Shopping- und Kneipen-Areale, das alles liegt sehr dicht beieinander.

☒ *Bewohnte Hausboote ankern auf dem Kanal, der Groningens Altstadt umfasst*

# Groningen

Die niederländische Stadt Groningen hat knapp 200.000 Einwohner, darunter geschätzt ein Viertel Studierende. Kein Wunder, dass sie auch als „die junge Stadt" bekannt ist. Groningen liegt rund 30 km Luftlinie von der Küste und damit auch vom Fährhafen Eemshafen entfernt. Ein Tagesausflug von Borkum aus ist dank der guten Anbindung mit der Fähre und anschließend mit der Bahn sehr einfach machbar.

Groningens Altstadt wird von einem Wasserlauf komplett umschlossen. Hier befinden sich die interessantesten Sehenswürdigkeiten, sehr viele kleine Geschäfte und Lokale sowie etliche historische Häuser. Aber vor allem ist diese Zone nahezu autofrei. Groningen zählt zu den **fahrradfreundlichsten Städten Europas**, der Autoverkehr ist gezielt eingeschränkt worden. Und es sind tatsächlich ständig sehr viele Menschen per Rad unterwegs, man sieht übrigens niemanden mit einem Helm, nicht einmal kleine Kinder. Ausländische Besucher müssen sich erst ein wenig daran gewöhnen, dass man nicht unachtsam einen Schritt zur Seite machen kann, weil dann garantiert hinter einem ein Radfahrer eine Vollbremsung hinlegen müsste. Aber daran gewöhnt man sich, genauso wie an das Fehlen der Autos. Groningens City lässt sich auch sehr gut und sehr angenehm **zu Fuß** erkunden und die Wege sind nicht allzu lang.

MEIN TIPP

### Bei der Planung beachten

Wer nicht vor verschlossenen Türen stehen will, fährt besser nicht an einem **Montag** nach Groningen, denn an diesem Wochentag sind viele Geschäfte **geschlossen**.

079bo ©Rik, stock.adobe.com

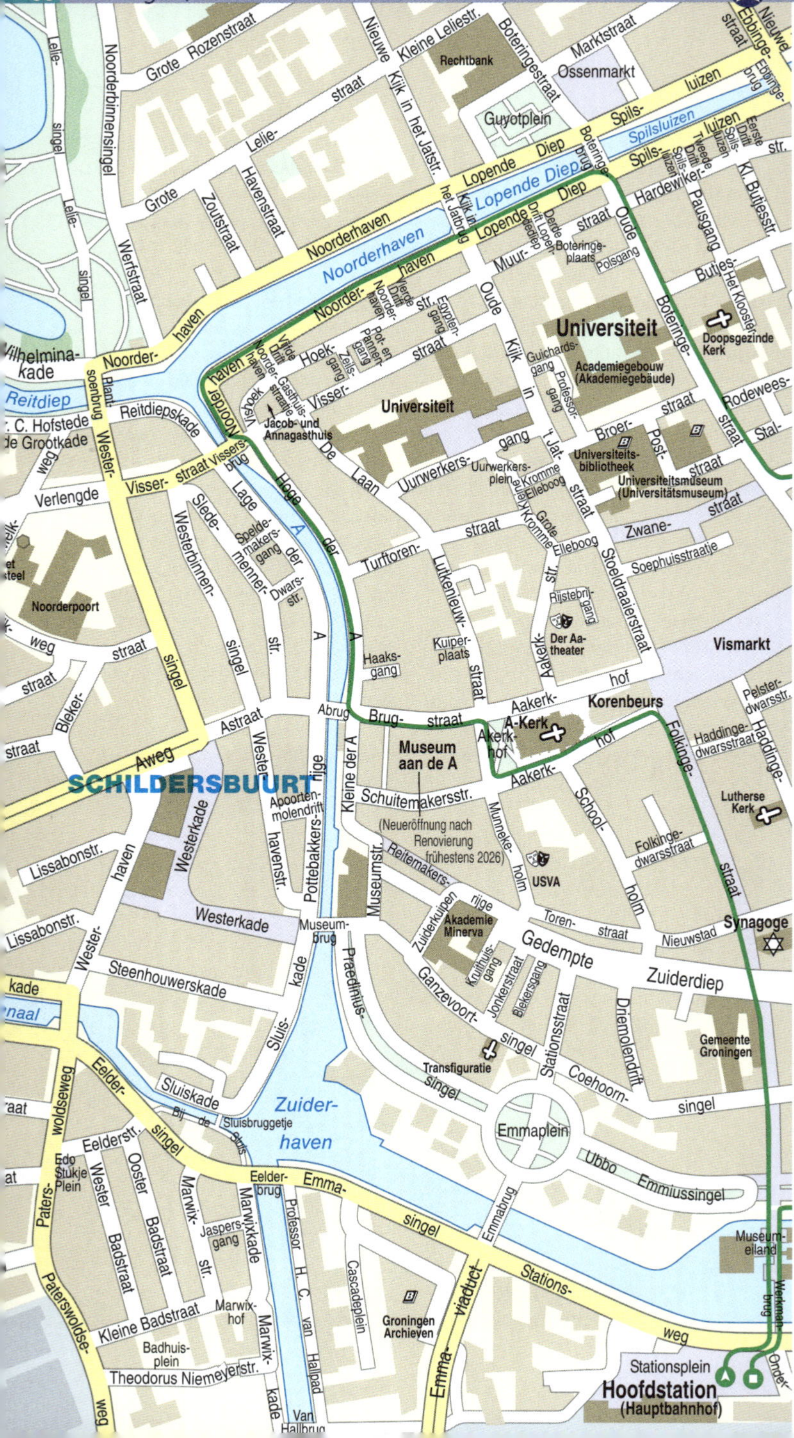
0 200 m
Rechtbank
Guyotplein
Ossenmarkt
Lopende Diep
Noorderhaven
Spilsluizen
Reitdiep
Universiteit
Academiegebouw (Akademiegebäude)
Doopsgezinde Kerk
Jacob- und Annagasthuis
Universiteitsbibliotheek
Universiteitsmuseum (Universitätsmuseum)
Noorderpoort
Der Aa-theater
Vismarkt
Korenbeurs
A-Kerk
Museum aan de A
(Neueröffnung nach Renovierung frühestens 2026)
SCHILDERSBUURT
Lutherse Kerk
USVA
Synagoge
Akademie Minerva
Gemeente Groningen
Transfiguratie
Zuiderhaven
Emmaplein
Sluisbruggetje
Museumeiland
Groningen Archieven
Stationsplein
Hoofdstation (Hauptbahnhof)

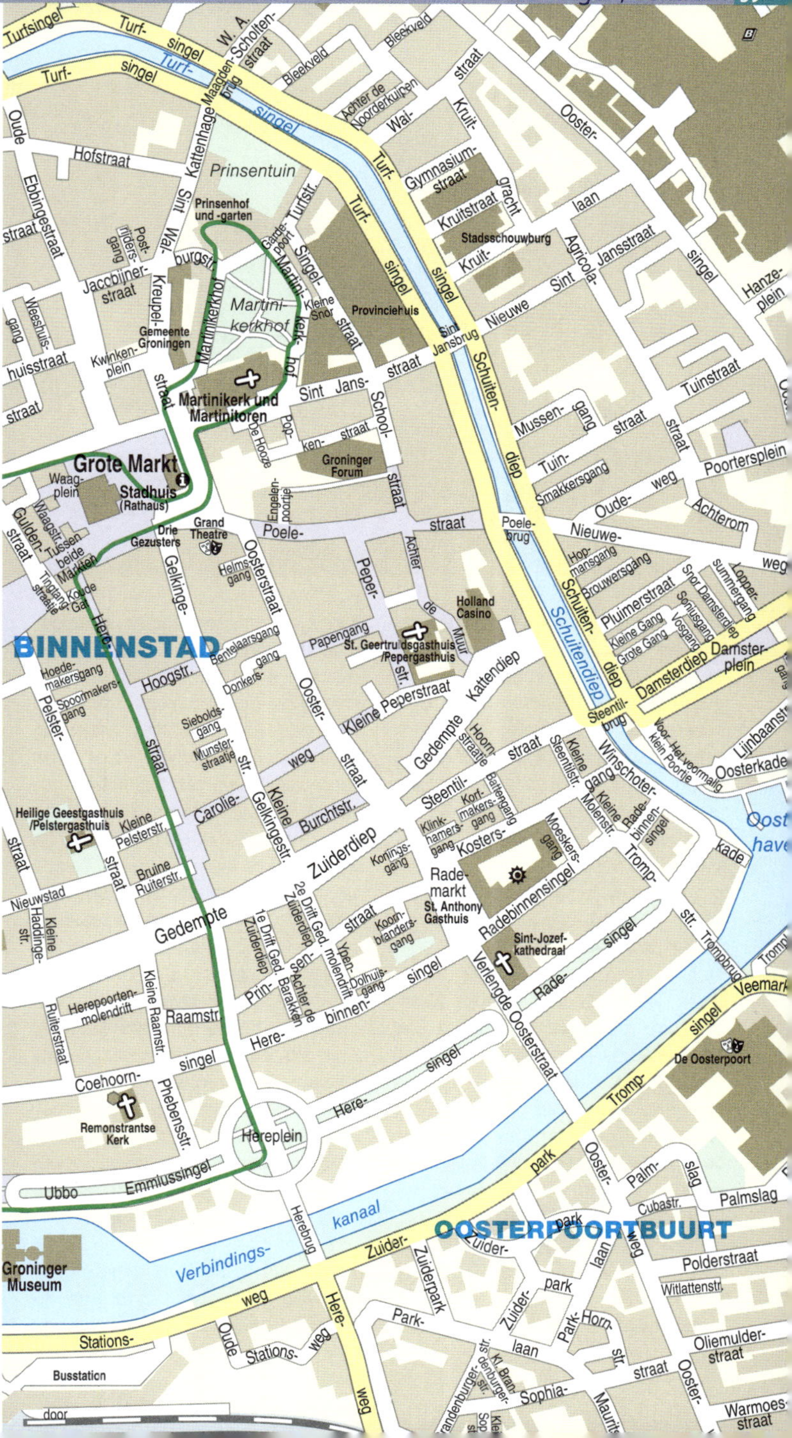
Turfsingel
Turfsingel
Turfsingel
W. A. Scholtenstraat
Maagdenbrug
Bleekveld
Achter de Noorderkuipen
Walstraat
Kruitstraat
Oosterlaan
Oude Ebbingestraat
Hofstraat
Kattenhage
Prinsentuin
Prinsenhof und -garten
Turfstr.
Gymnasiumstraat
Kruitstraat
Kruitgracht
Stadsschouwburg
Agricolastraat
Jansstraat
Oostersingel
Hanzeplein
Sint Walburgstr.
Postrijdersgang
Jacobijnerstraat
Kreupelstraat
Gardepoort
Martinikerkhof
Martinikerkhof
Martinikerkhof
Singelstraat
Kleine Snor
Provinciehuis
Sint Jansbrug
Nieuwe Sint Jansstraat
Weeshuisgang
Weeshuisstraat
Gemeente Groningen
Kwinkenplein
Martinikerk und Martinitoren
Sint Jansstraat
Schoolstraat
Schuitendiep
Tuinstraat
Mussengang
Tuinstraat
Popkenstraat
De Hoozo
Groninger Forum
Smakkersgang
Oude Weg
Poortersplein
Achterom
Grote Markt
Waagplein
Stadhuis (Rathaus)
Engelenpoortje
Poelestraat
Poelebrug
Nieuweweg
Guldenstraat
Waagstr.
Tussen beide Markten
Drie Gezusters
Grand Theatre
Hopmansgang
Brouwersgang
Snor
Lopperssummergang
Tingtangstraatje
Koude Gat
Helmsgang
Oosterstraat
Peperstraat
Achter de Muur
Holland Casino
Pluimerstraat
Damsterdiep
Somusgang
Vosgang
Kleine Gang
Grote Gang
Damsterdiep
Damsterplein
BINNENSTAD
Gelkingestraat
Herestraat
Hoedemakersgang
Bentelaarsgang
Papengang
St. Geertruidsgasthuis /Pepergasthuis
Schuitendiep
Hoogstr.
Donkersgang
Kleine Peperstraat
Kattendiep
Pelsterstraat
Spoormakersgang
Oosterstraat
Steentilbrug
Voor het voormalig klein Poortje
Lijnbaanstraat
Siebolsgang
Munsterstraatje
Gelkingestr.
Hoornstraatje
Gedempte Kattendiep
Steentilstraat
Kleine Steentilstr.
Winschoterdiep
Oosterkade
Heilige Geestgasthuis /Pelstergasthuis
Kleine Pelsterstr.
Carolieweg
Kleine Gelkingestr.
Burchtstr.
Klinkhamersgang
Kortmakersgang
Baltengang
Kostersgang
Kleine Molenstr.
Radebinnensingel
Oosterhaven
Zuiderdiep
Koningsgang
Rademarkt
Moeskersgang
Trompstr.
Kade
Nieuwstad
Kleine Haddingestr.
Bruine Ruiterstr.
Gedempte Zuiderdiep
1e Drift Ged. Zuiderdiep
2e Drift Ged. Zuiderdiep
Ypenmolendrift
Koornblandersgang
St. Anthony Gasthuis
Radebinnensingel
Sint-Jozefkathedraal
Trompbrug
Kleine Raamstr.
Prinsengracht
Achter de Barakken
Dolhuisgang
Verlengde Oosterstraat
Radesingel
Veemarkt
Ruiterstraat
Herepoortenmolendrift
Raamstr.
Herebinnensingel
Coehoornsingel
Heresingel
Heresingel
Trompsingel
De Oosterpoort
Remonstrantse Kerk
Phebensstr.
Hereplein
Ubbo Emmiussingel
Herebrug
Verbindingskanaal
Zuiderpark
Oosterpark
Palmslag
Cubastr.
Palmslag
Oosterweg
OOSTERPOORTBUURT
Groninger Museum
Zuiderpark
Zuiderparklaan
Parklaan
Polderstraat
Witlattenstr.
Stationsweg
Oude Stationsweg
Hereweg
Parkweg
Hornstr.
Oliemulderstraat
Oosterstraat
Busstation
Sophiastraat
Randenburgerstr.
Kl. Brandenburgerstr.
Warmoesstraat
Mauritsstraat

Das innerstädtische Viertel ist kompakt und überschaubar, so richtig verlaufen kann man sich nicht, denn schnell stößt man an den Wasserweg, der die gesamte Altstadt umschließt. Und falls doch einmal die Orientierung verloren gehen sollte, einfach nach dem **Grote Markt** fragen, dem Herz der Altstadt.

Hier ein Vorschlag für einen nicht allzu langen **Stadtspaziergang** (als grüne Linie in der Karte eingezeichnet), ausgehend vom **Bahnhof**, der selbst schon ein kleines Schmuckstück ist: Er liegt sehr nahe am Stadtzentrum, das bereits nach etwa fünf Minuten Fußweg erreicht wird. Schon bei dieser ersten Annäherung passiert man eine Brücke, die einen breiten Wasserlauf überquert, an dem auch ein spektakuläres Museumsgebäude steht, das **Groninger Museum**, ein Kunstmuseum der besonderen Art. Bereits das Gebäude fällt durch seine eigenwillige Bauweise auf, es wirkt ein wenig wie eine Anhäufung zufällig „hingewürfelter" Bauklötze, die aneinander kleben. Ein wahrlich spektakulärer Entwurf, erdacht und realisiert von unterschiedlichen Planern, deren Ideen hier wie zufällig zusammengeführt sind. Auch im Innern wird die Erwartungshaltung aufgebrochen, vom Eingangsbereich führt eine Wendeltreppe nach unten, die mit farbenfrohen Mosaiksteinchen besetzt ist. Im Zentrum dieser spiralförmigen Treppe steht eine der größten Swarovski-Kristallkugeln weltweit. Die Ausstellung besteht aus zeitgenössischer Kunst und Kunst des 16. bis 20. Jh. sowie einer großartigen Sammlung von Porzellan aus China und Japan. Ergänzend gibt es regelmäßig wechselnde Ausstellungen und es wird die Stadtgeschichte von Groningen beleuchtet.

› **Groninger Museum** <014> Museumeiland 1, www.groningermuseum.nl, geöffnet: Di.–So. 10–17 Uhr, Eintritt: 25 €, erm. 10 €

Geradeaus geht es weiter ins Zentrum und nach dem Überqueren einer recht breiten Straße taucht man

080bo ©creativenature.nl, stock.adobe.com

auch schon über die Folkingstraat in die **Altstadt** ein. In dieser Straße befinden sich heute viele kleine, urige Geschäfte. Früher befand sich hier das jüdische Viertel und aus dieser Zeit stammt auch die **Synagoge.** Ursprünglich wurde sie 1906 für die damals recht große jüdische Gemeinde erbaut. Nach dem Zweiten Weltkrieg wurde die Synagoge dann zweckentfremdet, u. a. befand sich hier jahrelang eine Wäscherei. Erst 1975 wurde sie durch eine Stiftung erworben, renoviert und 1981 erneut geweiht. Heute wird sie teilweise für religiöse Handlungen genutzt, sie kann aber auch besichtigt werden.

› **Synagoge** <015> Folkingstraat 60, geöffnet: Di.–Fr. und So. 13–17 Uhr, Eintritt: 5 €, Kinder (12–16 Jahre) 1 €, bis 11 Jahre frei, mit Führung 7,50 €

Die Folkingstraat trifft dann auf einen offenen Platz, den **Vismarkt.** Weiter geradeaus würde man den großen Komplex der **Universität** erreichen, nach rechts ginge es zum **Grote Markt**, einem weiteren großen offenen Platz. Nach links wird rasch einer der Wasserarme erreicht, an dem malerisch Boote dümpeln und sehr schöne historische Häuser stehen. Auf dem kurzen Weg dorthin passiert man eine riesige **Kirche (A-Kerk)**, die aber nicht mehr für Gottesdienste genutzt wird und nicht besucht werden kann. Knapp dahinter steht das **Museum aan de A.** Untergebracht ist es in zwei historischen Häusern aus dem 14. Jh., die vorher das Noordelijk Scheepvaartmuseum beherbergten. Im Rahmen einer mehrjährigen Renovierung wird das Museum aan de A noch bis mindestens 2026 umgebaut, aber in der Zwischenzeit finden schon Wechselausstellungen statt und es werden zahlreiche Aktivitäten angeboten. Anders als sein Vorgänger wird das Museum aan de A nach der Neueröffnung nicht nur die Schifffahrt thematisieren, sondern auch die Geschichte von Stadt und Provinz Groningen.

› **Museum aan de A** <016> Burgstraat 24, https://museumaandea.nl

Ist der Wasserlauf schließlich erreicht, könnte man diesem folgen und dabei einmal das Zentrum umrunden. Sehr schöne Ausblicke eröffnen sich hier auf die historischen Häuser und immer wieder liegen hier auch Schiffe vertäut. Speziell im nördlichen Bereich, am **Norderhaven,** dümpeln noch einige alte Holzschiffe und nicht gerade wenige Hausboote vor sich hin.

*Das Groninger Museum ist ein echter Hingucker*

Zurück in den Stadtkern geht es dann über Oude Boteringestraat zum halblinks sich öffnenden Grote Markt. Dort steht auch das schicke **Rathaus (Stadthuis)**, ein klassizistisches Gebäude aus dem frühen 19. Jahrhundert und etwas weiter die große **Martinikirche (Martinikerk)** mit ihrem alles überragenden 97 m hohen Turm. Die einst viel kleinere Ur-Kirche stammt aus dem 13. Jh. Sie wurde später deutlich vergrößert und verfügt über eine große Orgel von Arp Schnitger. Sehr schön sind auch die Wandmalereien, die sich von der weiß getünchten Kirchenwand optisch gut abheben.

Der **Grote Markt** gilt als das Herz der Altstadt. Hier findet ein Wochenmarkt statt, hier gibt es Shops und Lokale, hier informiert die Touristeninformation und es entsteht das Groninger Forum, ein Kultur- und Informationszentrum, das sicher nach Fertigstellung eine ganz eigene Sehenswürdigkeit darstellen wird. Und nicht zuletzt befindet sich hier am Grote Markt 36–39 (geöffnet ab 10 Uhr) einer der größten Gastronomie-Betriebe überhaupt, das Lokal **Drie Gezusters.** Im Innern des unbedingt sehenswerten Lokals sind verschieden gestaltete Gastro-Bereiche zu finden, u. a. eine Jugendstilbar, eine Sportsbar, eine Blockhütte, ein klassisches Café und eine Cocktailbar.

Wer nun nach so viel Herumschlendern ein wenig Ruhe sucht, sollte einmal die Martinikirche umrunden und den **Prinsenhof** aufsuchen. Das Gebäude stammt aus dem 15. Jh. und kann auf eine wechselvolle Geschichte zurückblicken, aber vor allem liegt hier der schöne **Prinsentuin (Prinzengarten)**, eine kleine Ruheoase mitten in der Stadt, wo man einmal entspannen und verschnaufen kann.

Den Rückweg zum Bahnhof könnte man dann vom Grote Markt durch die Herestraat antreten, wo weitere kleine Geschäfte locken.

## Wie organisiert man den Ausflug nach Groningen?

Ein schöner Ausflug in diese „junge niederländische Stadt“ mit Schiff und Zug lässt sich täglich unternehmen, Tickets dazu gibt es am Schalter im Inselbahnhof der Borkumer Kleinbahn. Die Fahrt beginnt um 8.20 Uhr am Inselbahnhof mit der Fahrt zum Hafen. Von dort legt die Fähre nach Eemshaven ab und erreicht nach gut einer Stunde den niederländischen Hafen. Von dort geht es dann um 9.50 Uhr (bzw. 10.18 Uhr am Sa./So.) mit dem Zug der Linie Arriva Nederland weiter, der in ca. 50 Minuten direkt nach Groningen fährt. Der Bahnsteig in Eemshaven liegt etwas unscheinbar hinter dem Fährterminal und hinter dem großen Parkplatz direkt vor dem Deich.

Zurück geht es ab Groningen Bahnhof mit dem Zug um 15.22 Uhr nach Eemshaven, sodass der Aufenthalt in der Stadt etwa 4½ Stunden dauert. Die Fähre legt um 16.45 Uhr von Eemshaven ab, Borkum Inselbahnhof wird gegen 18 Uhr wieder erreicht. Tickets kosten für Erwachsene 34,95 €, Kinder (4–11 Jahre) zahlen 10 €.

039bo-mux

# Baden

## Strände

Die Strände von Borkum ziehen sich über viele Kilometer entlang der offenen See und in einem deutlich kleineren Bereich entlang der Wattseite. Insgesamt unterteilt man auf Borkum drei Strandzonen.

### Kleine Flaggenkunde

- **Rot-gelbe Flagge:** Das Baden ist erlaubt, der Badebereich ist bewacht.
- **Zusätzliche gelbe Flagge:** Das Baden ist gefährlich, der Badebereich ist bewacht.
- **Rote Flagge:** Baden verboten, der Badebereich ist nicht bewacht.

### Nordbad

Der **Hauptstrand**, auch Nordbad genannt, biete das pralle Badeleben mit allem, was dazugehört, so wird es versprochen und es stimmt tatsächlich! Hier gibt es **quirliges, fröhliches Strandleben**, die Strandzone kann direkt von der Promenade aus und damit aus der Stadt kommend betreten werden. Der Strand ist hier mindestens einhundert Meter breit und eine Sandbank schließt sich nahtlos an, an deren Spitze die **Seehundbank Hohes Riff** liegt, wo regelmäßig Seehunde rasten, sodass die gesamte Breite mindestens 500 m misst.

*Vorseite: Walking on sunshine, auch im Winter*

Begrenzt wird der Strand von der **Promenade** 1 mit einem großen Parkplatz für Fahrräder knapp oberhalb des Musikpavillons. Unterhalb der Promenade verläuft ein weiterer Weg direkt am Strand entlang, an dem neben dem Musikpavillon noch ein paar Terrassenlokale stehen sowie mehrere Milchbuden, kleine Bistros, die direkt am Strand die Nahversorgung für die Badegäste übernehmen. Deren Plätze wechseln übrigens und werden jedes Jahr neu verteilt. Abends bei Sonnenuntergang versammeln sich hier immer Hunderte, was gerade nach einem schönen, sonnigen Tag ein beeindruckendes Spektakel ist, wenn lauschige Musik aus dem Musikpavillon erklingt und man bei einem kühlen Drink den Sonnenuntergang betrachtet.

040bo-mux

An diesem Strandabschnitt stehen auch **Strandkörbe** und die für Borkum so typischen **Strandzelte,** die man mieten kann. Es gibt eine **Trampolin-Ecke** und eine Surf- und Segelschule hat hier ihren Sitz, die ersten Trockenübungen werden gerne direkt am Stand veranstaltet.

Der Badestrand ist **bewacht.** Etwas weiter östlich schließt sich der **Hundestrand** an, die Vierbeiner müssen aber auch am Strand angeleint sein. Noch ein Stückchen weiter östlich folgt die Zone, in der man **Drachen steigen** lassen und **Strandbuggy** oder **Strandsegler** fahren kann. Schließlich folgt noch ein spezieller abgetrennter **Jugendstrand.** Im Sommer gibt es regelmäßig **Sport- und Gymnastik-Animation** am Hauptstrand, die genauen Termine erfährt man durch Aushänge u.a. bei der Touristeninformation (s.S. 121) oder in der Kulturinsel (s.S. 96), sie stehen aber auch in den kostenlosen Inselbroschüren.

Von Ende Juli bis Mitte August veranstaltet der Niedersächsische Volleyball-Verband am Strand von Borkum sehr beliebte **Beachvolleyball-Turniere** für Amateure.

Die **Seehundbank „Hohes Riff"** ist Teil einer langen Sandbank, die eine direkte Landverbindung zum Hauptstrand, dem Nordbad, hat. Die Seehundbank liegt an der westlichen Spitze dieser Sandbank, Anfang des 20. Jahrhunderts befand sie sich noch weit draußen im Meer, quasi als eine isolierte kleine Insel. Durch die beständige, gleichbleibende Wasserströmung und Sandverwehungen wanderte sie aber all-

*Der Hauptstrand dehnt sich sehr weit aus, vorne ist es voll, hinten genießt man Einsamkeit*

## Gefahren beim Baden

So schön es auch ist, mit den Wellen zu „kämpfen", man sollte auch die Gefahren kennen. Zunächst darf die Strömung nicht unterschätzt werden. Besonders bei ablaufendem Wasser werden Badende unweigerlich weggetrieben, und selbst geübte Schwimmer haben bei starker Strömung Schwierigkeiten, wieder an Land zu kommen. Kinder dürfen deshalb nie allein gelassen werden, selbst wenn sie nur am Ufer planschen. Die Wellen brechen nicht immer an der gleichen Stelle, manche rollen weiter aus und können eine unglaubliche Sogwirkung entwickeln, wenn sie zurückfließen. Das kann einem kleinen Menschen glatt die Beine wegreißen. Wer es nicht glaubt, braucht sich nur mal bei etwas stärkeren Wellen bis zu den Knien ins Wasser zu stellen. Auch Erwachsene können von größeren Wellen zu Boden geschleudert werden. Schürfwunden sind da noch das Harmloseste, schlimmer ist es, die Besinnung zu verlieren und dann von der Strömung ins Meer hinausgetragen zu werden. Je höher die Wellen sich aufbauen, desto stärker sind auch der Rückfluss und damit der Sog. Es gibt bewachte Strandzonen, in denen erfahrene Rettungsschwimmer aufpassen. Zu den einzelnen Flaggen s.S. 64.

041bo-mux

mählich Richtung Inselstrand und näherte sich ihm immer weiter an, seit den 1980er-Jahren gibt es eine direkte Landverbindung. Die Seehundbank ist noch immer in Bewegung und sucht sich ihren Weg durchs Meer, ihre Spitze nähert sich nun dem Hauptstrand und könnte irgendwann einmal die Badestelle vor dem Hauptstrand einschließen. Übrigens wandert auch der Sand des Hauptstrands. Auf historischen Fotos aus den 1920er-Jahren reichte das Wasser bis knapp unterhalb den Musikpavillon, heute erstreckt sich hier der mehrere hundert Meter breite Strand.

Auf der Seehundbank rasten **Dutzende von Seehunden** und dieses Gebiet gehört bereits zum **Nationalpark Niedersächsisches Wattenmeer.** Die Sandbank ist frei zugänglich, nur die Spitze mit dem Bereich der Seehunde darf nicht betreten werden. Ein einfacher Zaun markiert die Grenze, bis zu der Besucher gehen dürfen. In sicherer Entfernung kann man von dort aus die Tiere beobachten, wobei ein Fernglas sehr nützlich ist. Im Juni und Juli werden auf den Sandbänken die Jungen geboren, sie werden etwa sechs Wochen gesäugt und müssen dann recht schnell selbstständig werden und alleine jagen. Gerade die kleinen Tiere liegen oft auf der Sandbank und warten auf ihre Mütter, manchmal jaulen sie vor Hunger (daher der Name „Heuler"), aber meist kommt die Mutter wieder zurück. Erst im August verlässt sie die Jungtiere, die dann alleine klarkommen müssen. Sollten Urlauber einen

Mein Tipp

### Der nordwestlichste Punkt Deutschlands

An der Verlängerung der Strandpromenade, eines schmalen befestigten Weges, der durch die Dünen, immer mit Blick aufs Meer und den Strand, führt, liegt der nordwestlichste Punkt Deutschlands. Dieser ist durch eine Windrose mit dem Relief der Insel Borkum und durch einen grün-weißen Pfahl gekennzeichnet. Dieser Landpunkt befindet sich sehr viel weiter westlich als die weit draußen in der Nordsee liegende Insel Helgoland. Übrigens liegt der nördlichste Punkt Deutschlands auch auf einer Insel, nämlich auf Sylt. Der dortige „Ellenbogen", eine Halbinsel vor der nördlichsten Ortschaft Deutschlands, List, hat den geografisch gemessenen nördlichsten Punkt unweit des Leuchtturms List West.

- **Nordwestlichster Punkt Deutschlands** <098>

110bo-hj

*So wird der nordwestlichste Punkt Deutschlands markiert*

Heuler entdecken, bitte nicht hingehen und eventuell helfen wollen und auf keinen Fall anfassen, das Muttertier ist meist noch in der Nähe. Hat man aber berechtigte Zweifel, ob die Mutter zurückkommt, bitte die Polizei verständigen (Tel. 91860) oder die Seehundstation Norddeich (Tel. 04931 8919).

## FKK-Strand

Der FKK-Stand liegt etwas außerhalb vom Ort in Höhe des Flugplatzes, kann aber in 10 bis 15 Minuten per Fahrrad über die Ostfriesenstraße erreicht werden (dann beim Emmich-Denkmal (20) nach links zum Meer abbiegen). Direkt vor dem kultigen Bistro Dünenbudje (s. S. 94) öffnet sich der Strand für Freikörperkultur. Auch dieser ist bewacht, es gibt Strandkörbe und -zelte und Hunde sind in einem extra ausgewiesenen Bereich ebenfalls erlaubt.

## Südbad

Der südliche Strand, Südbad genannt, ist generell schmaler und etwas weniger stark besucht als der Nordstrand. Aber auch hier stehen **Strandkörbe und -zelte**, es gibt ebenfalls **Milchbuden**, **Sport-Animation** und einen **Trampolinplatz.** Ganz am Rande liegt auch ein **Hundestrand.** Ein schmaler Weg begleitet diesen Strand (Krischan-Wolters-Pfad), der von zum Teil hoch aufragenden Dünen begrenzt wird. Richtig malerisch ragt hier aus den Dünen auch der rotweiß gestreifte Kleine Leuchtturm (13) heraus.

044bo-mux

*Die typischen Borkumer Strandzelte sind ein beliebtes Fotomotiv*

MEIN TIPP

### Einsamer Strand

Richtig einsam wird es jenseits, also östlich, vom FKK-Strand in Richtung Hooge Hörn, allerdings gibt es dort keinerlei Service-Einrichtungen. Hier kann man stundenlang spazieren und trifft kaum einen Menschen, irgendwo am Dünenrand lässt sich sicher ein ruhiges und windgeschütztes Plätzchen finden. Einige wenige schmale Wege (der Einstieg ist durch Kreuze, der Weg dann durch Pfahlreihen markiert) führen durch die Dünen ins Hinterland und münden in einen Wanderweg, der zur Aussichtsdüne Steerenklippdüne (22) führt, eine Strecke, die aber wirklich kilometerlanges Marschieren erfordert. Die nächste Bushaltestelle liegt noch weitere knapp 3 km von dieser Aussichtsdüne entfernt im Ostland (21).

## Die Legenden um den Piraten Klaus Störtebeker

Um den Namen des wohl bekanntesten deutschen Piraten Klaus Störtebeker ranken sich etliche Legenden. Es fängt schon mit seiner Herkunft an und endet noch nicht einmal mit seinem Tod. Auch auf Borkum soll er eine Rolle gespielt haben. Aber der Reihe nach: Bereits sein Name gibt Rätsel auf. „Störtebeker" soll nämlich abgeleitet sein von „Stürz den Becher", womit ein großer Krug Bier von vier Litern gemeint sei. Ist das möglich? Man weiß es nicht, ebenso ist seine Herkunft unklar. Geboren wurde er wohl um 1360, aber wo? Auf Rügen? In Wismar? Oder ganz woanders? Es gibt Quellen, die für Wismar sprechen, aber zweifelsfrei ist dies nicht belegt.

Er landete jedenfalls bei den Ostsee-Piraten und wurde zusammen mit Gödeke Michels einer der wichtigsten Anführer der Vitalienbrüder, die Ende des 14. Jahrhunderts Schiffe überfielen, zunächst in der Ostsee. Der Begriff „Vitalienbrüder" lässt sich von ihrem ursprünglichen Auftrag ableiten. Sie wurden nämlich vom schwedischen König angeheuert, eine dänische Blockade zu durchbrechen und Viktualien (Lebensmittel) nach Stockholm zu liefern. Später tauchte auch der Begriff „Likedeeler" (Gleichteiler) auf, da die Piraten nicht nur besagte Lebensmittel lieferten, sondern auch, ausgestattet mit einem schwedischen Kaperbrief, dänische Schiffe ausraubten und die Beute unter sich aufteilten, bzw. auf den Märkten u. a. von Wismar verkauften. Die Piraten erhielten keinen Sold, sondern finanzierten sich durch diese Raubüberfälle.

Als es 1395 zu einem Friedensschluss kam, waren die Likedeeler überflüssig geworden und raubten nun auf eigene Faust weiter, u. a. plünderten sie die reich beladenen Hanseschiffe. Dies geschah so gründlich, dass der Handel in der Ostsee fast vollständig zum Erliegen kam. Daraufhin stellte die Hanse ein schlagkräftiges Heer auf, das den Auftrag hatte, die Piraten zu vertreiben. Was auch gelang, sie wechselten in die Nordsee und fanden beim ostfriesischen Häuptling Keno tom Brok Schutz, der ihnen einen Unterschlupf in Marienhafe anbot, einem Ort im Hinterland, nicht weit entfernt von der Küste. Von dort überfielen Störtebekers Mannen auch Schiffe, die die Ems befuhren und so passierten sie auch häufiger die Insel Borkum. Die Hansestädte erhöhten den Druck auf die Piraten, verfolgten sie entschlossen und diese mussten schließlich ihr Versteck in Marienhafe verlassen. Gödeke Michels floh nach Norwegen, Störtebeker nach Helgoland.

Und hier beginnen weitere Sagen und Legenden. Wo sollte man die zusammengeraubten Schätze unterbringen, während man sich auf der Flucht befand? Eine Legende besagt, dass der Schatz eingeschmolzen in den Masten von Störtebekers Schiff verborgen und sehr viel später von einem Schiffszimmermann entdeckt wurde. Einer anderen Legende zufolge hat Störtebeker den Schatz in den Borkumer Woldedünen am südlichen Inselrand versteckt. Zumindest erzählt man sich dies auf Borkum und seit Urzeiten kennen selbst Kinder den Spruch „Indien de Wolde-Duinen konden spreken, zou het Borkum nooit aan geld gebreken" („Wenn die Woldedünen könnten sprechen, würde es ganz Borkum nie an Geld gebrechen [fehlen]"). Störtebeker und seine Leute wichen jedenfalls im

Jahr 1400 nach Helgoland aus, wurden aber von einem großen Verband Hamburger Schiffe verfolgt und schließlich besiegt.

Eine weitere Legende besagt, dass ein Verräter flüssiges Blei ins Ruder gegossen habe, sodass Störtebekers Schiff manövrierunfähig geworden sei. Die Piraten wurden gefangengenommen, nach Hamburg gebracht und zum Tode verurteilt.

Die nächste Legende besagt, dass Störtebeker dem Hamburger Senat im Gegenzug für seine Freilassung eine goldene Kette angeboten habe, die um die ganze Stadt hätte reichen sollen, was aber abgelehnt worden sei. Störtebeker und 72 weitere Piraten wurden auf dem Grasbrok (in der heutigen HafenCity nahe der Hamburger Innenstadt) durch das Schwert hingerichtet.

Die letzte Legende im Zusammenhang mit Störtebeker besagt, dass allen Männern die Freiheit versprochen worden sei, an denen Störtebeker noch vorbeigehen konnte, nachdem ihm der Kopf abgeschlagen worden war. Angeblich schaffte er es, 11 Mann zu passieren, bevor ihm der Henker ein Bein stellte. Die allerletzte Legende besagt, dass der Hamburger Senat danach die Arbeit des Scharfrichters gelobt habe. Er soll daraufhin geantwortet haben, dass dies doch gar nichts sei, er könne auch noch den gesamten Rat „abarbeiten", wenn es sein müsse. Worüber dieser gar nicht amüsiert gewesen sei und den Henker gleich selbst habe köpfen lassen.

Viele Legenden ranken sich also um Klaus Störtebeker, aber die Frage, ob sein Schatz tatsächlich noch immer in den Woldedünen ruht, bleibt unbeantwortet. Bis heute ...

Diese Dünenlandschaft zieht sich fast über die gesamte Länge des Südstrands, breitet sich aber weiter östlich stärker ins Hinterland aus und dort liegt schließlich auch das größte Wäldchen der Insel, die **Greune Stee** (s. S. 103). Noch etwas weiter landeinwärts befinden sich die **Woldedünen.** Diese sind mit einer uralten Sage verknüpft, die sich seit Generationen auf Borkum erzählt wird, es geht dabei um einen Piratenschatz, den der berüchtigte Klaus Störtebeker ausgerechnet hier vergraben haben soll (siehe links).

## Strandkorb und Strandzelte mieten

Vermieter für Strandkörbe und -zelte haben kleine **Kioske** am Nord- und am Südbad direkt bei den Strandzugängen an den Treppen (Infos: www.borkum.de. Unter dem Menüpunkt „Service" und weiter unter „Strandzeltvermieter" werden die einzelnen Vermieter mit Kontaktdaten vorgestellt).

Ein **Strandzelt** ist ein für Borkum typisches viereckiges, meist gestreiftes Etwas mit einer Sitzbank im Inneren. Das ist zwar längst nicht so bequem wie ein Strandkorb, aber man hat doch seinen eigenen kleinen windgeschützten Bereich, in dem man sich auch umziehen kann. Außerdem werden zwei bequeme Stühle oder gar Liegestühle mit vermietet. Und jedes Strandzelt ist von Hand gefertigt, sie sind in der Miete immer etwas günstiger als ein Strandkorb. Auch bei Regen finden hier bis zu drei Personen Schutz, was in einem Strandkorb eher nicht der Fall ist. Und dreht der Wind einmal, lässt sich ein Strandzelt einfacher umstellen als ein schwerer Strandkorb.

046bo-mux

# Wassersport

## Wind- und Kitesurfen

› **Surfschule Øy.** Der ungewöhnliche Name basiert auf dem Borkumer Gruß unter Freunden, eben: „Øy", womit eine starke Verbindung zur Insel ausgedrückt wird. Die Surfschule hat ihre Station am Weststrand und bietet Kurse zum Kiten, Surfen, SUP und Wingfoil (Infos: Tel. 0162 5281423, www.oey-borkum.de).

## Segeln

› Der **Segelhafen Seehafen** verfügt über 450 Liegeplätze für Segler, die mit ihrem eigenen Boot anreisen, wobei deren Schiff nicht länger als 20 Meter sein darf.

## Strandsegeln

› Ambitionierte Kurse bis hin zum Pilotenschein oder auch nur Schnupperkurse im Strandsegeln bietet **World of Wind** an, deren Schule sich direkt am Strand des Nordbads befindet und von Mitte März bis Ende Oktober geöffnet ist. Dort gibt es auch einen Shop mit Equipment (Infos: www.worldofwind.de).

*Erste Stunde im Surf-Kurs mit Trockenübungen am Strand …*

*… später geht der Unterricht dann auf dem Wasser weiter*

## Baken, Bojen, Buhnen und Pricken

- Eine **Bake** ist ein Seezeichen, das an Land steht und als Peilpunkt für die Seefahrt dient. Diese haben je nach Insel unterschiedliche Toppzeichen: Norderney hat ein Dreieck mit Spitze nach unten, Langeoog einen pyramidenförmigen Turm mit einem Dreieck, dessen Spitze nach oben zeigt. Baltrum weist ein auf der Spitze stehendes Viereck aus, Juist ein Viereck und Wangerooge zwei Dreiecke, deren Spitzen jeweils aufeinander stehen. Borkums Großes Kaap 15 hat ein mit der Spitze nach oben weisendes Dreieck und steht auf einem gemauerten Turm.
- **Bojen** oder auch Tonnen sind im Wasser schwimmende Seezeichen, die durch eine Kette am Meeresboden verankert sind. Grüne Bojen liegen von See kommend rechts (an Steuerbord), rote Bojen entsprechend an Backbord, also links.
- **Buhnen** wurden früher zum Küstenschutz gebaut. Sie ragen vom Strand weit ins Meer hinein und sollen Strömungen und Wellen beruhigen. Manche Buhne bestand aus einer Doppelreihe massiver Holzpfähle, andere aus Eisen, die mehrere Meter tief in den Boden gerammt wurden und die heute noch teilweise halb verrostet im Sand stecken. Vor nicht mehr deutlich sichtbaren Buhnen wird durch Beschilderung gewarnt, beispielsweise durch ein gelbes Kreuz.
- **Pricken** sind 5 bis 7 m lange Stangen oder schlanke Bäumchen (meist Birken) mit Zweigbüscheln an der Spitze, die fest in den Wattboden gerammt wurden und Fahrwasserrinnen markieren. Dabei werden zwei Typen unterschieden: Eine Steuerbord-Pricke (wieder von See kommend betrachtet) liegt rechts und hat an der Spitze zusammengebundene und nach unten aufgefächerte Zweige. Bei einer Backbord-Pricke (links, von See kommend) sind die Zweige an der Spitze aufgefächert und unten zusammengebunden.

045bo-mux

# Wandern

Eine klassische Wanderinsel ist Borkum sicherlich nicht, aber man kann hier auf mehreren Strecken durch eine **abwechslungsreiche und faszinierende Landschaft** gehen. Sowohl schier endlose Strandwanderungen durch feinen, tiefen Sand vor sich wellenförmig hinziehenden Dünen als auch Wege durch Salzwiesen, kleine Wäldchen, zugewachsene Dünentäler und durch Wiesen, auf denen Kühe oder Schafe weiden, sind möglich. Die Wanderungen können direkt im Ort beginnen oder man fährt ein Stück per Rad oder Bus in Richtung Ostland bzw. Hafen und startet von dort seine Wanderungen.

> **Routenverlauf im Inselplan**
> Die hier beschriebenen Wanderungen sind mit farbigen Linien im Inselplan eingezeichnet.

## Wanderung 1: Am Südstrand entlang zur Greune Stee

*Diese einfache Wanderung führt durch drei verschiedene Landschaftszonen. Zunächst geht es direkt am Meer entlang parallel zu sich auftürmenden Dünen. Dann verschwenkt die Tour etwas ins Hinterland, man passiert ein Feuchtgebiet und überwachsene Dünen, bevor es in ein Wäldchen geht. Zum Schluss wird erneut der Strand erreicht, bevor dieser Rundkurs am Ausgangspunkt abgeschlossen wird.*

Gestartet wird mitten im Ort am **Bahnübergang** (Ende Neue Straße) und dem Beginn der Von-Freese-Straße. Dieser folgt man bis zum Strandübergang beim **Aquarium** ⑫, dann spaziert man an der **Strandpromenade** ① links zunächst auf dem Deckwerk weiter. Man umrundet das Lokal „Heimliche Liebe" (s. S. 91) und folgt dann dem Weg zwischen den Dünen und dem Strand (Krischan-Wolters-Pad). Hier genießt man einen schönen Ausblick über den breiten Strand und das weite Meer. Links erhebt sich schließlich aus den Dünen das Leuchtfeuer. Am **Südstrand** liegen ein Kinderspielplatz, ein Beachvolleyballfeld und ein Platz mit Trampolinen. Außerdem werden hier Strandkörbe vermietet und es gibt ein kleines Bistro.

Kurz nach dem Passieren des **Hundestrandes** sieht man recht deutlich im Hintergrund die Industrieanlagen des holländischen Eemshavens auf dem Festland. Vereinzelt schiebt sich auch ein Schiff ins Bild, vielleicht sogar einmal eine Fähre mit neuen Urlaubern.

Nach drei Kilometern macht der Wanderweg einen Schwenk und der bis hierhin asphaltierte Weggeht in einen **schmalen Pfad** über, der zuerst durch die Dünen, dann am Rande eines Brutgebiets direkt an der Wasserkante vorbeiführt, allerdings nur über ca. 500 m, dann schwenkt der Weg erneut ab und entfernt sich vom Wasser, er führt nun durch ein **Feuchtge-**

> - **Charakter:** einfach. Man geht auf festen, teilweise sogar asphaltierten Wegen.
> - **Ausgangs- und Endpunkt:** Bahnübergang an der Von-Freese-Straße
> - **Länge:** 8½ km
> - **Dauer:** 2½ Std.
> - **Einkehr:** Kurz nach Beginn und kurz vor Ende der Wanderung werden drei Lokale am Strand passiert.

047bo-mux

**biet.** Nun wird auch der Weg wieder fester und führt Richtung Woldedünen durch die Borkumer Dünenlandschaft, die von **Salzwiesen, Dünen und Salzwasserzonen** geprägt ist. Mit Glück sieht man hier Rotschenkel und Rohrweihen.

Dann wird ein **Wäldchen** erreicht, durch das man hindurchgeht. Nach insgesamt 5 km wird nach links abgebogen, ein Hinweisschild für Nordic Walker (Route 8) weist den Weg. Danach wird ein weiterer Weg gekreuzt, man geht aber geradeaus an einer Schutzhütte vorbei und steigt die leichte Anhöhe hoch (gepflasterter Weg). Diese Anhöhe ist die **Wolde Düne**, die bereits völlig zugewachsen ist kaum und als typische Sanddüne zu erkennen ist. Bewachsen ist sie u. a. mit Birken, Hagebutten und Wildrosen. „Oben" geht es geradeaus weiter auf dem Weg. An der folgenden Abzweigung hält man sich geradeaus, biegt nicht nach rechts ab, man folgt auch hier der Nordic-Walking-Beschilderung.

Dann schließt sich das **Waldgebiet Greune Stee** (s. S. 103) an, ein urwüchsiges Areal mit vielen Bodendeckern und hoch aufragenden Bäumen. Der Wanderweg stößt auf einen Querweg, der hier nach links leicht aufwärts führt und nach ca. 50 m nach rechts auf einen gepflasterten Weg abbiegt. Nun führt der Weg durch ein sich langsam öffnendes Waldgebiet, der Wanderweg verzweigt sich ein paar Mal, aber wir bleiben auf dem Hauptweg und bewegen uns auf eine offene **Dünenzone** zu. Dieses Dünenfeld wird schließlich an einem Querweg erreicht. Hier nicht nach rechts in die Stadt gehen, sondern nach links zum **Strand** zurück. Der Strand auf dem asphaltierten Deckwerk wird erneut erreicht, man befindet sich nun auf dem Stück, auf dem man bereits kurz nach dem Start der Tour gewandert ist. Nun geht es nach rechts zurück zum Ausgangspunkt. Bis dahin werden drei Lokale passiert, in denen man sich stärken kann. Die Wanderung endet am Aquarium.

⌃ *Schutzhütte im Wäldchen der Greune Stee (s. S. 103)*

043bo-mux

## Wanderung 2: Vom Nordstrand bis zum FKK-Strand und zurück durchs Waldgebiet

*Diese Wanderung führt zunächst auf einem gut begehbaren Weg durch die Dünen entlang des Strandes, später dann geht es über weichen Sand durch ein schwach besuchtes Gebiet bis zum FKK-Strand. Dort schwenkt man dann durch die Dünen ins Hinterland ein, erreicht das kleine Ostland und wandert schließlich durch überwachsene Dünen, ein Wäldchen und Wiesen zurück in den Ort.*

> **Charakter:** nicht schwer, nur der anfängliche Weg durch den weichen Sand am Strand könnte etwas anstrengender sein.
> **Start:** am Neuen Leuchtturm 3 im Ortskern
> **Ziel:** Alter Leuchtturm 8, ebenfalls im Ortskern
> **Länge:** 13,2 km
> **Dauer:** 3½ Std.
> **Einkehr:** unterwegs im Ostland 21 (nach ca. zwei Dritteln der Strecke) in zwei Lokalen oder direkt am Endpunkt

Vom Neuen Leuchtturm 3 aus geht man durch die Victoriastraße am Hotel Upstalsboom Borkum (s. S. 130) vorbei bis zur **Strandpromenade** und dort nach rechts entlang der **Promenade** 1. Man passiert dann rechter Hand ein Gebäudeensemble von klassizistischen Häusern (heute Hotels), zur linken Seite wandert der Blick über den breiten Strand. Schnell werden die **hoch aufragenden Dünen** erreicht und man folgt dem Weg zwischen ihnen hindurch, rasch wird die bebaute Zone verlassen und man taucht in die Natur ein. Nach knapp einem Kilometer steht links neben dem Weg ein etwa drei Meter hoher **grün-weißer Pfosten**, der ein wenig an einen Grenzpfosten erinnert. Hier sind auf vier Tafeln markante Daten der Borkumer Geschichte vermerkt. Der Pfosten markiert zugleich den **nordwestlichsten Punkt Deutschlands** (s. S. 66).

*Dieser Weg führt einige Kilometer immer an den Dünen entlang*

Weiter führt der Weg vor einer Dünenreihe entlang, nach links blickt man teils durch Dünen immer wieder aufs weit im Hintergrund liegende Meer. Nach zwei Kilometern passiert man das Strandcafé Sturmeck auf Höhe des Jugendbades. Gelegentlich wechselt der Untergrund von roten Ziegeln zu Holzbohlen, man befindet sich aber immer vor einer Dünenreihe mit teilweise **grandiosen Fernblicken aufs Meer.** Nach 2,5 km ist das Strandcafé Seeblick (s. S. 91) erreicht, dort endet auch der gepflasterte Weg.

Nun geht es am **Strand** weiter, der hier etwa 500 m breit ist. Es wird nun immer einsamer, man kann sich mit Muße auf die Natur einlassen, das Wellenrauschen aufnehmen und den Vögeln zugucken. Nach einer knappen Stunde wird der **FKK-Strand** (s. S. 67) erreicht, den man mit etwas Abstand aus Respekt vor den Badenden durchlaufen kann. Rechter Hand tauchen die ersten roten Kreuze auf, die im Sand stecken und einen Strandübergang anzeigen, wir nehmen den dritten nach dem FKK-Strand. Als zusätzlicher Orientierungspunkt dient auch der blaue SOS-Pfahl mit der Nummer 138. Das dritte rote Kreuz jedenfalls markiert den Strandübergang Ostland, der ausgeschildert ist. Hier stapft man durch den weichen Sand hinauf. Von oben genießt man noch einmal den tollen Fernblick über den Strand zum Meer. Weit im Hintergrund erkennt man sogar die Türme von Borkum-Stadt.

Dann geht es weiter auf einem befestigten Weg, der nach 800 m zum **Ostland** 21 führt, einer sehr kleinen Siedlung mit zwei Lokalen, einem Campingplatz und einer Bushaltestelle. Man durchwandert zunächst ein kleines Wäldchen, in dem einige komplett zugewachsene Dünen gerade so eben noch erkennbar sind.

Schließlich erreicht man eine offene Wiese, das Café Ostland (s. S. 94) ist nach rechts ausgeschildert und in diese Richtung gehen wir weiter. Das Lokal hat eine ziemlich große Terrasse, aber falls es hier voll sein sollte, kann man nur 100 m weiter auch in der nicht gerade kleinen Lokalität Bauernstuben (s. S. 94) einkehren. Hier lässt sich gut eine Pause einlegen, bevor es weiter in Richtung des ausgeschilderten „Ostlandje Pad, Flugplatz 1,6 km“ geht. Es handelt sich um einen gepflasterten Weg durch die Dünen, die hier ebenfalls vollkommen zugewachsen sind. Man wandert nun sehr schön abseits der Straße durch die Natur und erreicht schließlich den **kleinen Flugplatz** von Borkum.

Dem Schild folgend, geht es dann weiter „Nat Dörp“ („ins Dorf“). Das Schild weist zunächst Richtung Straße, aber links der Straße verläuft auch ein **Wanderweg.** Dieser passiert schließlich ein **Wäldchen,** in dem ein Lehrpfad mit mehreren Infotafeln zur Floraangelegt ist, die hier gedeiht, und auch zur Tierwelt und den Gehölzen. Schließlich muss einmal die Straße gequert werden, kurz danach erreicht der Wanderweg abermals diese Straße. Sie wird erneut überquert, auf dem schmalen Weg durch die Wiesen geht es nun weiter (keine Ausschilderung) bis der Upholmhof erreicht wird, ein umtriebiges Lokal mit großem Biergarten. Nun wandert man vor dem **Deichdurchgang Richtung Franzosenschanze** (Schild) weiter.

Der Weg schlängelt sich durch die Wiesen bis zu einer sehr scharfen, nach rechts führenden Abzweigung, diesem Weg folgen wir. Es geht an der Franzosenschanze 11 vorbei, die aber kaum zu erkennen ist. Danach passiert man einen schönen **Sportplatz** und erreicht dann die Reedestraße, wo die Wanderung vor dem Café Lüttje Toornkieker (s. S. 94) endet.

## Wanderung 3: Durch die Dünen zum FKK-Strand und am Strand entlang zurück

*Allgemein: Diese Rundwanderung führt vom Ortskern rasch in die Natur, anschließend durch unterschiedliche Dünenzonen, passiert dann einen Bruchwald und ein Feuchtgebiet und führt erneut zurück zu den Dünen und schlussendlich zum Strand.*

Gestartet wird im Ortskern beim **Neuen Leuchtturm** 3, von wo es ortsauswärts über die Hindenburgstraße geht. Dann biegt man nach links in die Boedinghausstraße. Rechts steht ein großes Mutter-Kind-Kurheim und dort erreicht man auch schon die ersten **Dünen** und taucht ein die Natur. Schließlich biegt man nach rechts in einen Weg ab, ausgeschildert sind hier die „Norddünen".

Kurze Zeit später verschluckt einen die Natur endgültig, der Ort bleibt hinten zurück. Sogleich erhebt sich links das Seezeichen **Großes Kaap** 15 und der Weg schlängelt sich durch die **Dünen.** Vereinzelt erkennt man hinten rechts den Wasserturm 17, ansonsten ist man Teil der Natur. Nach einem knappen Kilometer wechselt der Belag des Wegs in Höhe eines Reitstalls, er ist nun gepflastert. Weiter geht es durch die Dünen, schon bald erhebt sich links eine Aussichtsdüne von knapp 17 Metern Höhe.

Nach 1,5 km geht es nach links (Ausschilderung: „Ostland über Norddüne") und nach 10 Metern gleich wieder nach rechts. Hier stehen mehrere bereits deutlich überwachsene Dünen, Fasanen brechen gelegentlich durchs Dickicht, Kaninchen springen herum, vereinzelt kommt ein Radfahrer vorbei. In dieser Einsamkeit erreicht man eine Wegkreuzung, hier geht man geradeaus (Ausschilderung: „Ostland über Norddüne"). Dann führt der Weg durch ein **Wäldchen an einem Feuchtgebiet,** der Waterdelle, einem Dünental, das heute bewachsen ist. An einer weiteren Kreuzung wird an Infotafeln auf die Natur eingegangen. Der Weg führt hier nach links entlang eines Waldlehrpfades durch ein urwüchsiges Wäldchen, dem ein weiterer **Dünenabschnitt** folgt. Hier sind sowohl der Flugplatz ausgeschildert als auch der plattdüütsche Hinweis „Dóör de Strandsej" zu finden. Gemeint ist das **Muschelfeld (Strandsej).** Einst lag hier ein flaches Gewässer zwischen den Dünen und bei Hochwasser lagerten sich regelmäßig Muschelreste ab. Diese Schalen wurden von Borkums Bewohnern gesammelt und

- **Charakter:** nicht schwer, nur der letzte Abschnitt mit dem Weg durch den weichen Sand am Strand könnte etwas anstrengender sein.
- **Start:** am Neuen Leuchtturm 3 im Ortskern
- **Ziel:** Strandpromenade 1 im Ortskern
- **Länge:** 9,5 km
- **Dauer:** 2½ Std.
- **Einkehr:** unterwegs in der Dünenbudje (www.duenenbudje-borkum.de, nach ca. zwei Dritteln der Strecke) oder direkt am Endpunkt in einem von bestimmt einem Dutzend Strandlokalen.

verkauft, sie wurden u.a. zu Kalk verarbeitet. Seit 1930 ist das Muschelfeld durch einen schnurgeraden Damm (Hindenburgdamm) vom Meer getrennt. Hier wachsen Feuchtgebietspflanzen, u.a. Schilf.

Ein nach rechts ausgeschilderter Weg für Radler und Walker wird ignoriert. Es bleibt einsam, bis man den Tower vom Flugplatz erkennt und die **Ostfrieslandstraße** erreicht. Hier geht man nach links und ca. 500 m entlang dieser Straße bis zur Bushaltestelle „FKK-Strand". Hier folgt man links dem Weg zum Strand, halb rechts steht etwas verdeckt das **Emmich-Denkmal** 20. Der Weg erreicht nach ca. 500 m den breiten **Strand** und passiert kurz zuvor das rustikale Lokal Dünenbudje (s. S. 94). Hier spaziert man nach links und immer am Strand entlang Richtung Stadt. Wellen rauschen im Hintergrund, links erheben sich Dünen, nach rechts wandert der Blick in die Ferne und der **FKK-Strand** (s. S. 67) wird passiert. Nach insgesamt etwa 7 km steht links das Lokal Strandcafé Seeblick (s. S. 91), das sich als Pausenstopp anbietet. Ab hier führt dann auch ein gepflasterter Weg oben an den Dünen entlang, man muss nicht länger mühsam durch den weichen Sand gehen, kann es aber natürlich dennoch machen, gerade weil dort weniger los ist. Der gepflasterte Weg führt direkt bis zur Strandpromenade 1 der Stadt, kurz zuvor wird auch der **nordwestlichste Punkt Deutschlands** (s. S. 66) passiert, markiert durch eine Windrose und einen grünweißen Pfahl. Die Tour endet direkt auf der Strandpromenade, wo zahlreiche Terrassenlokale auf erschöpfte Wanderer warten.

*Einsame Wanderung am Strand*

100bo-mux

*Auf dem Rückweg von der Hooge Hörn wandert man durch ein Salzwiesenfeld*

- **Charakter:** Der erste Teil verläuft durch den weichen Sand am Strand, was etwas anstrengender ist, der zweite Teil dann auf festen Wegen, wobei verschiedene Vegetationszonen passiert werden.
- **Ausgangs-/Endpunkt:** Ostland 21
- **Anfahrt:** per Bus vom ZOB oder Bahnhof bis Ostland, zurück ebenfalls mit dem Bus. Aber Achtung: Vorher auf den Fahrplan schauen, die Busse verkehren nicht sehr oft. Oder man fährt per Rad bis Ostland, stellt es dort ab und radelt nach absolvierter Wanderung wieder zurück.
- **Länge:** 13 km
- **Dauer:** ca. 3–3½ Std.
- **Einkehr:** Am Ziel befinden sich zwei Gaststätten mit größerer Terrasse.

## Wanderung 4: Vom Ostland zur Ostspitze Hooge Hörn und zurück

*Hierbei handelt es sich um eine faszinierende Wanderung, bei der verschiedene Vegetationszonen durchlaufen werden. Zunächst geht es vom Ostland aus zum Strand und dort immer weiter Richtung Osten, dem Naturschutzgebiet Hooge Hörn. Je weiter man wandert, desto einsamer wird es, nur noch Möwen und Dünen begleiten die Wanderer. Schließlich wird die Hooge Hörn erreicht, ein wichtiges Brut- und Rastgebiet für Zugvögel.*

Gestartet wird an der Bushaltestelle am Café Ostland (s. S. 94). An diesem geht es zunächst vorbei nach rechts und nach ca. 300 m nach links Richtung Strand (ausgeschildert), vorbei an einem Haus auf der rechten Straßenseite. Ist der Strand erreicht spaziert man nach rechts und dann einfach immer am Strand ent-

## Lütje Hörn und die Vogelinsel Memmert, zwei unbewohnte kleine Inseln vor Borkum

Das unbewohnte Inselchen **Lütje Hörn** hat abweichend von allen anderen Ostfriesischen Inseln eine Nord-Süd-Lage, da es sich mitten im Strom der Osterems befindet. Die Insel wandert, seit ihrer ersten bekannten schriftlichen Erwähnung im späten 16. Jahrhundert hat sie sich etwa zwei Kilometer Richtung Südosten verschoben und dabei auch beständig geschrumpft, innerhalb von etwa 130 Jahren von gut 60 ha auf aktuell nur noch 6 ha. Auf der Insel befinden sich Weißdünen mit leichtem Bewuchs, außerdem wird sie von Vögeln als sicheres Brutgebiet genutzt.

**Memmert** ist eine etwas größere, aber ebenfalls unbewohnte Insel von knapp 5 km² Fläche, die 1400 m südöstlich von Juist und 5,5 km östlich von Borkum liegt. Sie ist seit 1650 bekannt und war nie besiedelt, sondern immer nur eine Sandbank, auf der viele Vögel brüteten. Die Vögel wurden allerdings von den Bewohnern der Insel Juist bejagt. 1906 kam der Juister Lehrer Otto Leege auf die Insel und fand die Vogelkolonie fast ausgestorben vor. Ab da setzte er sich für den Vogelschutz ein. Ein Jahr später stellte das zuständige preußische Ministerium Memmert als „Vogelkolonie" unter Schutz, Otto Leege wurde zum Bevollmächtigten des Deutschen Vereins zum Schutze der Vogelwelt für Memmert ernannt. Ab 1908 wachte ein Vogelwärter auf der Insel, zunächst nur während der Brutzeit, ab 1921 ganzjährig. Otto Leeges Sohn, Otto Junior, wurde zum ersten ständigen Vogelwart, nach seinem frühen Tod führte seine Frau die Arbeit fort. Ihr folgte ihr Schwiegersohn Gerhard Pundt. Danach lebte hier für 30 Jahre ein sehr engagierter Inselvogt, bis dieser aus Altersgründen seine Arbeit aufgab.

Seit 2003 lebt nun ein Vogelwart von März bis November auf der Insel. Memmert steht seit 1924 unter Naturschutz und liegt heute in der Schutzzone I des Nationalparks Niedersächsisches Wattenmeer. Die Insel darf nicht betreten werden (Ausnahmen: wer in Seenot ist oder eine schriftliche Erlaubnis hat), nur nach der Brutsaison werden vereinzelt geführte Besuchsfahrten von Juist aus angeboten. In dem Vogelparadies brüten alljährlich etwa 40 Arten, die Zahl der einzelnen Vögel geht in die Zehntausende, ein Ergebnis des konsequenten Naturschutzes.

lang. Der Strand ist recht breit und wird von einer klassischen Dünenreihe begleitet. Vereinzelt trifft man hier noch Badegäste oder Wanderer, ansonsten wird es rasch ziemlich einsam. Je weiter man geht, desto eher lässt sich weit draußen im Meer Land erkennen, die Insel Juist (8 km), die Vogelinsel Memmert (5,5 km) und die unbewohnte Insel Lütje Hörn (4 km).

Nach 3,5 km wird ein Strandübergang durch ein rotes Kreuz markiert, den wir aber nicht nutzen. Es geht immer weiter am Strand entlang, nach ca. 5 km passiert man den zweiten Übergang, der Strand bleibt breit und die Dünen flachen allmählich etwas ab. Die Wasserkante krümmt sich allmählich etwas nach rechts, was man vor allem am Wind und am veränderten Sonnenstand bemerkt. Nach 6 km erkennt man die Windräder und Industrieanlagen des niederländischen Eemshavens auf dem Festland. Nach insgesamt etwas weniger als 2 Stunden Wegstrecke wird der Endpunkt der Strandwanderung erreicht, die **Hooge Hörn** (s. S. 78), die äußerste Ostspitze der Insel Borkum. Diese Zone steht unter Naturschutz und darf nicht betreten werden, der gesperrte Bereich ist durch eine Pfahlreihe markiert. Es handelt sich um ein wichtiges Brut- und Rastgebiet für Zugvögel, die nicht gestört werden dürfen. Hier also schwenkt man nach rechts, geht entlang der Pfahlreihe und verlässt den Strand durch die auslaufende Dünenreihe. Der weitere Weg führt dann durch Salzwiesen und man kreuzt sogar einen schmalen Wasserlauf, über den eine Brücke führt. Dort steht ein Schild – „Seedeich 2,6 km dör de Harlingjes" –, an dem man entlanggeht. Das Landschaftsbild hat sich etwas verändert, man geht auf einem ausgetretenen Pfad durch eine alte **Dünenzone,** die aber völlig überwachsen ist. Eine weitere, etwas rustikale Brücke wird überquert, danach verdichtet sich die Vegetation noch mehr, u. a. durch Schilfgürtel und durch Heckenrosen. Schließlich wird eine Weggabelung erreicht. Nach rechts sind „Strand 1 und 2" ausgeschildert, womit die jeweiligen Übergänge gemeint sind, geradeaus geht es Richtung Seedeich und in diese Richtung spazieren wir weiter. Schließlich wird ein großer Fahrradparkplatz erreicht. Hier könnte man einen kurzen Abstecher hoch zur **Steerenklippdüne** 22 machen und den Fernblick genießen.

Vom **Fahrradparkplatz** aus geht es geradeaus weiter bis zum **Seedeich.** Ist dieser erreicht, könnte man auch nach links auf dem Deich gehen, wir aber wandern geradeaus weiter, ausgeschildert ist hier „Oltmanns Olde Dünen". Der weitere Weg ist nun gepflastert und die Vegetation festigt sich zu lockerem Baum- und Strauchbewuchs, ganz im Hintergrund erkennt man noch vereinzelte Dünen. Auf diesem Teilstück passiert man auch einen alten **Bunker,** der direkt am Weg liegt, weitere befinden sich im Hinterland und sind teilweise schon überwuchert. Schließlich erkennt man aus der Ferne das **Ostland** 21 mit seinen **zwei Lokalen,** wo die Wanderung begann. Kurz vor dem Ziel passiert man das **Wollmeisterhaus,** an dem wir bereits zu Beginn der Tour Richtung Strand auch vorbeigekommen sind. Ab da sind es nur noch 200 m zum Ausgangspunkt und damit auch zur Bushaltestelle und den Lokalen.

## Wanderung 5: Von Küste zu Küste quer über die Insel

*Bei dieser reizvollen Wanderung sieht man beide Seiten der Insel. Zunächst geht es entlang der Wattseite immer auf einem Deich, dann biegt man ins Hinterland ab und wandert quer über die Insel hinüber zur offenen Meerseite. So erreicht man schließlich den feinfeinsandigen weiten Strand. Vorher kann man noch eine hoch aufragende Aussichtsdüne erklimmen.*

Der Startpunkt befindet sich bei der **Bushaltestelle „Neuer Deich"** an der Strecke zum Hafen. Diese Haltestelle ist recht markant, da sie neben einer Deichscharte steht. Bevor man losgeht, lohnt es sich, noch einen Blick auf das kleine **Kunstwerk am Deichdurchlass** zu werfen. Ein hübsches Mosaik zeigt den Mahnspruch aller Küstenbewohner auf Plattdüütsch (hier übersetzt): „Wer nicht will deichen, der muss weichen!“ Daneben befinden sich Markierungen der höchsten Sturmfluten.

Die Wanderung beginnt mit einem kurzen Marsch (ca. 150 m) Richtung Stadt, dann muss die Straße gequert werden (hier das Hinweisschild: „Ostland“ bzw. „FKK-Strand 4,5 km“ beachten) und man muss anschließend der Straße etwa 200 m bis zum Deich folgen. Nun geht es links entweder oben auf dem Deich oder direkt davor weiter, was bei starkem Wind sinnvoll ist. Es handelt sich um den Hauptdeich der Insel, den **Neuen Seedeich.** Dort informieren einige Tafeln über die Flora und Fauna und die Entwicklung vom Watt zur Salzwiese. Es geht immer nur in eine Richtung am Deich entlang. Weit kann der Blick schweifen, mal übers Watt oder eben auch in die andere Richtung über die Wiesen bis hin zur weit entfernten Silhouette der Stadt. Nach ca. 2,5 km liegt links der **Tüskendörsee,** der künstlich erschaffen wurde. Er entstand 1974 bis 1977 beim Deichbau, denn das Material für den Deich entnahm man dem Boden direkt hinter dem Deich. Die ausgehobene Stelle füllte sich später allmählich mit Wasser, sodass ein kleiner See entstand. Dieser ist durch ein Siel mit dem Wattenmeer

- **Charakter:** Insgesamt handelt es sich um eine leichte Wanderung. Der überwiegende Teil verläuft auf festem Weg am Deich entlang bzw. auf einer asphaltierten Straße, der letzte Teil dann durch den weichen Sand am Strand, was etwas anstrengender ist.
- **Ausgangspunkt:** Deichscharte bei der Bushaltestelle „Neuer Deich“ der Linie Richtung Hafen [D5]
- **Endpunkt:** Bushaltestelle FKK-Strand (Bus aus Richtung Ostland kommend) [D3]
- **Länge:** 8 km
- **Dauer:** ca. 2½ Std.
- **Einkehr:** Am Ziel befindet sich die Gaststätte Dünenbudje (s. S. 94) mit großer Terrasse, nach ca. zwei Drittel der Strecke passiert man die beiden Ausflugslokale im Ostland (s. S. 94).
- **Alternative:** Wer gut zu Fuß ist, kann auch den ganzen Weg am Strand bis zum Ort Borkum zurücklegen, das sind dann noch einmal etwa 5 km mehr Wegstrecke.

*Das Ziel von Wanderung 5 ist das weite offene Meer, das man immer mal wieder durch die Dünen erkennen kann*

050bo-mux

verbunden und hier brüten viele Vögel, weswegen er heute ein Vogelschutzgebiet ist. Einige Infotafeln erklären die häufigsten der hier regelmäßig brütenden Vogelarten.

Nach dem Passieren des Sees zweigt nach links ein Weg ab, an dem ein kleines **Infohäuschen** steht. Sehr auffällig ist hier auch ein – im Wortsinn – **windschiefer Baum**, direkt davor verläuft der Weg nach links, dem wir nun folgen. Zunächst geht es noch durch ein **Feuchtgebiet**, das später auf der rechten Seite von einer Wiese abgelöst wird, auf der Robustrinder weiden, die durch einen starken Haarbewuchs im Stirnbereich auffallen. Ganz im Hintergrund erkennt man nun schon die Ausläufer der Dünenlandschaft, die das offene Meer abgrenzen. Allmählich läuft auch die Salzwiese aus und wird von der **Dünenzone** abgelöst.

Nach insgesamt 4 km wird der kleine Ortsteil **Ostland** erreicht. Zunächst passiert man den kleinen Campingplatz, 200 m später dann die beiden Ausflugslokale „Bauernstuben und Café Ostland (s. S. 94) Es geht weiter geradeaus an der Hauptkreuzung im Ort vorbei (nach links ginge es zurück in die Stadt), die Ausschilderung verweist hier auf die **Aussichtsdüne Olde Düne**, die nach ca. 500 m erreicht wird. Die Landschaft hat sich nun endgültig gewandelt, man wandert durch eine reine Dünenzone. Die Olde Düne ist insgesamt 16,60 Meter hoch. Das ist sicher nicht viel, reicht aber aus, um von oben einen hervorragenden Rundumblick bieten zu können. Hinunter geht es dann über den anderen, gepflasterten Weg, der schließlich weiter durch die Dünen in Richtung Meer führt.

Der **Strand** wird nach einem knappen Kilometer nach Passieren von Ostland erreicht. Man stapft einen sandigen Weg hoch, danach öffnet sich der hier sehr breite Strand, ein toller Anblick! Man geht nun weiter nach links. Gerade dieser Abschnitt steht landschaftlich in starkem Kontrast zur Wattseite, denn hier reichen die **Dünen** bis an den Strand heran, Salzwiesen oder gar einen Deich gibt es hier nicht. Nach einigen hundert Metern führt nach links ein Strandübergang durch die Dünen und hier ist auch ein Kultlokal ausgeschildert, die Dünenbudje (s. S. 94), rustikal-gemütlich eingerichtet und mit großer Terrasse, genau richtig für eine Pause.

Zum Abschluss der Wanderung folgt man dann dem Weg ins Hinterland bis zur Ostfrieslandstraße, wo sich die Bushaltestelle „FKK-Strand" befindet. Wer etwas Zeit bis zur Abfahrt des Busses hat, kann auch noch das **Emmich-Denkmal** 20 besuchen, das links am Ende eines schmalen und kurzen Weges steht.

# Weitere Aktivitäten

## Angeln

In den Küstengewässern, vor den Buhnen und am Hafen kann frei geangelt werden. Im Vereinsgewässer Hoppschlot wird eine Gastkarte benötigt, Informationen dazu gibt es unter Tel. 0170 1808432.

☒ *Mutige Kinder erkunden den Hochseilgarten*

051bo-mux

## Baden (indoor)

- **Gezeitenland** <017> Goethestraße 27, Tel. 933600 (Bad, Sauna), 933650 (Wellness), www.borkum.de/gezeitenland, geöffnet: tägl. 10–18.30, Sauna ab 10, Sa./So. ab 11 Uhr. Erlebnisbad, erbaut in der Form eines Ozeandampfers. Bietet eine ganze Menge, darunter einen Schwimm- und Badebereich mit Riesenrutsche und Indoor-Surf-Becken, Wellness, Physiotherapie, auch Fitness ist an Geräten oder in Kleinkursen möglich.

## Beachvolleyball

**Netze** und **Spielfelder** gibt es am Südbad und auch am Nordbad auf Höhe der Surf- und Segelschule, sie können kostenlos genutzt werden. Im Sommer werden regelmäßig **Kurse** angeboten und Turniere gespielt, die vom Nordwestdeutschen Volleyball Verband als Beach-Academy organisiert werden (Infos: www.beach-Volleyball.de, dann auf „Beachcamps" gehen).

## Boule

Hinter der Touristeninformation (s. S. 121) liegt ein kleiner **Park**, in dem sich ein öffentlicher Boule-Platz befindet.

## Hochseilgarten

- **Nordseekletterpark Borkum** <018> Goethestraße 25, Tel. 9234077, www.nordseekletterpark.de, Eintritt: 17–22 € (je nach Alter), Öffnungszeiten siehe Website. Hochseilpark nahe dem Meer bei der Kulturinsel. Es gibt verschiedene Schwierigkeitsgrade, die man nach einer intensiven Einweisung absolvieren kann.

## Minigolf

› **Minigolf** <019> Hindenburgstraße, Ecke Engelse Pad, Tel. 924040, geöffnet: April–Okt. tägl. 9–17 Uhr. Eine passend zur Insel im maritimen Look dekorierte 18-Loch-Minigolfanlage befindet sich beim Fahrradverleih Van Raden.

## Nordic Walking

Mehrere gut markierte Wege führen über die Insel, sie sind nach Schwierigkeitsgraden geordnet und reichen von „leicht" (blau) bis „schwierig" (schwarz). Infos und Streckenpläne gibt es in der Broschüre „Hier bewegt sich was", die in der Touristeninformation (s. S. 121) erhältlich ist.

## Radfahren

Insgesamt gibt es auf der Insel **130 Kilometer markierte Wege** für Radler.

**Karten** und eine **Broschüre** mit Tipps und vier ausgearbeiteten Touren („Hier bewegt sich was") gibt es in der Touristeninformation (s. S. 121).

Wer unterwegs ein Problem bekommt oder sich verfahren hat, kann über eine **Notfallstation** Hilfe rufen. Darunter versteht man Pfähle, die mit einer SOS-Nummer versehen sind, die man den Helfern mitteilen kann und über die sich immer der genaue Standort lokalisieren lässt. Dorthin wird dann im Ernstfall gezielt Hilfe geschickt. Die Pfähle stehen auf der ganzen Insel, in der Natur, am Strand und auch entlang der Wander- und Radwege.

Einige Straßen sind **verkehrsberuhigt**, dort stehen Schilder, die umgangssprachlich auch als „Spielstraßenschilder" bekannt sind. Hier müssen alle Fahrzeugführer, wozu auch Radfahrer zählen, besondere Rücksicht nehmen.

Die Hauptflanierstraßen im Zentrum sind die Bismarckstraße und Franz-Habich-Straße, hier ist das Befahren grundsätzlich verboten (gilt auch für Radfahrer), nur zwischen 0 und 8 Uhr kann man hier mit dem Rad durchfahren.

Und auch in der Natur gibt es Einschränkungen: So kann man zwar mit dem Rad bis zur Steerenklippdüne (22) fahren, aber die restlichen drei Kilometer bis zur Hooge Hörn und dem Strandgebiet darf man nur noch zu Fuß zurücklegen.

Die Polizei weist ausdrücklich darauf hin, dass Fußgänger und Radfahrer die **Bahnübergänge** nicht unmittelbar nach dem Vorbeifahren ei-

052bo-mux

nes Zuges passieren dürfen, sondern erst, wenn die Lichtzeichenanlage erloschen ist. So lange das rote Licht leuchtet, darf niemand die Schienen queren, es könnte immer noch ein Zug aus der Gegenrichtung kommen. Die Polizei kontrolliert hier ganz besonders, ein Bußgeld würde 350 € betragen.

### Fahrradverleih

- **Fahrradverleih der Borkumer Kleinbahn** <020> direkt am Bahnhof, Tel. 30914, www.borkumer-kleinbahn.de. Bietet 7-Gang-Räder, E-Bikes, Kinderräder, Bollerwagen, Fahrradanhänger oder auch Mountainbikes.
- **Ricardo's Fahrradverleih** <021> Blumenstraße 3, Tel. 1407, https://fahrraeder-borkum.de. Verleiht auch Kinderräder und E-Bikes.
- **Fahrradverleih Tente** <022> Wilhelm-Bakker-Straße 9, Tel. 932757, http://fahrradtente.de. Bietet eine gute Auswahl an Touren- und Sporträdern sowie E-Bikes. Außerdem im Angebot: Elektro-Scooter, Rollstühle und Rollatoren.
- **Fahrradverleih van Raden** <023> am Minigolfplatz Hindenburgstraße, Ecke Engelse Pad, Tel. 924040, www.fahrradverleih-vanraden.de. Große Auswahl auch an E-Bikes, Beachcruisern, sportlichen Rädern, Kinderrädern und BMX sowie Fahrradanhängern.
- **Zweiradladen Borkum** <024> Kaapstraße 1 und Neue Straße 19, Tel. 7353 oder 910162, www.borkum-zweirad.de. Hat auch Bollerwagen, Spezialräder und Anhänger im Angebot.

*◁ Schutz- und Infohütte an einem einsamen Radweg an der Wattseite*

## Reiten

Auf Borkum gibt es Kurse für Einsteiger und Fortgeschrittene von verschiedenen Anbietern, man kann auch sein eigenes Pferd unterstellen und – für viele besonders reizvoll – es werden Strandausritte organisiert.

- **Reitstall Borkum** <025> Goedeke-Michel-Straße 11, Tel. 910144, www.reitstall-borkum.de. Pferde können in einer Miet-Box untergestellt werden, es gibt Reitunterricht und begleitete Ausritte.
- **Pferdepension im Ostland** <026> Ostland 6, Tel. 0170 4114355, www.borkum-pferdepension.de. Hier können Urlauber ihre Pferde unterbringen.
- **Sattelbude Jütting** <027> Kiebitzdelle Achterlangs 6, Tel. 990083. Strandausritte mit Ponys und Kleinpferden.

## Tennis

- **Tennisplätze** <028> Bismarckstraße 31, Tel. 933650. Nahe der Kulturinsel befinden sich mehrere Tennisplätze (vier Sand- und zwei Hallenplätze).

## Sauna

Im **Gezeitenland** (s. S. 83) wird eine ganze Palette unterschiedlicher-Saunen angeboten, dazu zählen eine Aromasauna (80 °), eine Aufgusssauna (90 °), ein Dampfbad (40–45 °) und eine Panoramasauna. Jeden Dienstagnachmittag ab 17 Uhr sind die Saunen ausschließlich für Frauen geöffnet.

## Strandgymnastik

Zwischen 9 und 17 Uhr finden in der Saison Yoga-, Pilates- und Strandgymnastik-Events am Strand statt.

Aushänge zum kompletten Programm gibt es u. a. an der Kulturin-

053bo-mux

sel (s. S. 96) und in der Touristeninformation (s. S. 121). Treff ist jeweils an der DLRG-Station.

## Joggen

**Joggen**, **Laufen** oder gar ernsthaftes **Lauftraining** kann man beinahe überall auf der Insel machen, selbst lange Läufe für die Marathon-Vorbereitung lassen sich zusammenstellen. Hartgesottene versuchen es sogar am Strand im teilweise sehr weichen Sand, was aber ziemlich anstrengend sein kann. Frühmorgens ist die **Strandpromenade** voller Läufer, denn immerhin kann man hier auf gut vier Kilometern Länge sogar Tempoläufe unternehmen. Auch das frühe **Barfußlaufen am Strand** macht Spaß, wobei vor allem bei Ebbe der eben noch überspülte Sand hart ist. Etwas weiter oben im weichen Sand muss man allerdings auf scharfkantige Muscheln aufpassen.

Anfang September findet auf Borkum der **Meilenlauf** (s. S. 88) statt.

## Wattwandern

- **Peter de Buhr** bietet geführte Wattwanderungen unweit des Hafens an, Treffpunkt ist die Bushaltestelle Wattenmeer. Infos gibt es in seinem Büro gegenüber dem Bus-Bahnhof oder unter www.wattwandern-borkum.de.
- **Berend Baalmann** hat ebenfalls Wattführungen im Programm, außerdem eine Seehundwanderung am Spülsaum des Nordstrands Richtung Seehundbank (Infos: www.watthanse.de, Tel. 697).
- **Albertus Akkermann** ist ein Borkumer Original und bietet als singender Wattführer Wanderungen an, stilecht mit Akkordeon unter dem Motto „Watt'n Konzert". Infos gibt es unter www.watt wanderung-borkum.de oder über Tanja's Teeladen (s. S. 98). Dort sind auch weitere Touren ohne musikalische Begleitung im Angebot.

*Eine Gruppe erkundet bei einer Wattwanderung den Meeresboden*

101bo ©Tanja Thomssen, stock.adobe.com

# Feste und Folklore

- **Ostern: Osterfeuer** (Osterfür) am Abend vor Ostersonntag
- **April:** Am letzten Samstag im April findet das traditionelle **Anschwimmen** statt, um die Badesaison offiziell zu eröffnen.
- **Pfingsten: Pfingstfest** mit dem Aufstellen eines Maibaums am Abend vor Pfingstsonntag am Platz an der Süderstraße durch den Verein Borkumer Jungens. Der Maibaum wird hier später als sonst üblich aufgestellt und ist nicht an den 1. Mai gekoppelt, da die Pflanzen hier auf Borkum durch die Insellage später blühen und dadurch auch die Wärme des Frühlings etwas später kommt. Der Maibaum erinnert in seiner Form an einen Schiffsmast. Und noch immer hängt oben ein Korb, in dem ein Hahn sitzt. Nach einem alten Glauben sind die Borkumer davon überzeugt, dass es eine gute Saison wird, wenn er am Pfingstsonntag frühmorgens kräht. Früher wurde dieser Hahn aus einem Stall „entführt" und in den Korb gesetzt, der mit einem Schild versehen war, auf dem auf Platt (hier übersetzt) stand: „Ich krähe für ...". Der Bestohlene musste dann den Hahn auslösen, beispielsweise durch eine Flasche Schnaps.
- **Pfingsten: Borkumer Jazztage,** seit mehreren Jahrzehnten sehr beliebte Veranstaltung mit internationalen Musikern.
- **Anfang Juni:** Windsurfcup Borkum, mit den besten Windsurfern Europas.
- **Mitte Juli: Strandfete** mit dem Verein Borkumer Jungens, Nordbad (Livebands, Grillen, Lagerfeuer)
- **Mitte August: Straßenfest des Heimatvereins „rund um de ole Toorm"** beim Alten Leuchtturm
- **Ende August: Borkumer Drachenfest** am Nordbad
- **September:** Am ersten Wochenende findet der Borkumer **Meilenlauf** mit Strecken über 5,83 Seemeilen (Viertelmarathon, knapp 10,9 km), 2,7 Seemeilen (5-km-Lauf) sowie Kinderläufen statt (www.borkumer-meilenlauf.de).
- **Mitte Oktober: Lücht up Börkum,** Borkumer Lichtwoche, in der die Insel zwischen 18.30 und 22 Uhr hell und bunt durch LED-Leuchten erstrahlt.
- **Ende Dezember: Borkumer Bluesnight**
- **31. Dezember: Jahresaussingen** am Abend (18 Uhr) des Altjahres (Olljahrsavend) auf dem Schulhof der Grundschule

*◁ Vorseite: Beim Borkumer Drachenfest sind der Fantasie keine Grenzen gesetzt*

# Borkum kulinarisch

Für eine hoch entwickelte Küche sind die Friesen nicht bekannt. Kein Wunder, lebten sie doch über Jahrhunderte hinweg von dem, was Acker und Meer hergaben – und das war meist nicht viel und obendrein recht dürftig: Fisch, Kohl, Grütze, Möweneier und vielleicht noch Fleisch von Kühen und Schafen.

Das änderte sich teilweise, als reich gewordene Kapitäne zurück auf die Inseln kamen und neben Geld auch neu gewonnene kulinarische Erfahrungen mitbrachten. Aber die Grundlagen der Küche änderten sich erst mit dem Einsetzen des Fremdenverkehrs und der besseren Anbindung ans Festland, da Lebensmittel nun leichter herangeschafft werden konnten. Eine prägende inseltypische Küche hat sich jedoch bis heute nicht entwickeln können.

Einige als typisch ostfriesisch angesehene Gerichte kennt man auch

## Klaasohm – ein geheimnisvolles Fest nur für Borkumer Jungs

Klaasohm ist ein Fest, für das niemand auf der Insel Werbung macht, es soll eine Tradition von und für Borkumer bleiben. Wer aber als Tourist am Abend vor Nikolaus auf der Insel durch die Straßen spazieren geht, wird mit dem Fest konfrontiert.

Von Klaasohm wird gesagt, dass es auf die Zeit zurückgeht, als die Männer der Insel zum Walfang ausfuhren und monatelang unterwegs waren. Ihre Frauen blieben derweil auf der Insel zurück und erledigten alle anfallenden Arbeiten, wodurch so manche Frau auch an Selbstbewusstsein gewann. Die zurückkehrenden Männer meinten nun, ihre Insel zurückerobern und auch ihre Frauen wieder zurechtweisen zu müssen. Dazu schlugen sie ihren Frauen mit einem Kuhhorn auf den Hintern, so sagt es jedenfalls eine Legende.

Das Brauchtum wird heute ausschließlich von auf Borkum geborenen Männern betrieben, die dem Verein Borkumer Jungens angehören, was ohnehin praktisch alle Borkumer ab 16 Jahren sind, zumindest solange sie unverheiratet sind.

Sechs junge Männer werden als Klaasohm (Onkel Klaus) verkleidet, sie tragen einen riesigen tonnenförmigen Helm, Schafspelz und ein Kuhhorn. Wer als Klaasohm ausgewählt wurde, bleibt streng geheim. Die Auserwählten ziehen mit großem Gefolge in die Halle der Borkumer Kleinbahn (Zutritt nur für einheimische Männer, keine Touristen und keine Frauen) und tragen Kämpfe aus, um den Posten des heutigen Anführers zu erringen. Genaueres weiß man nicht, schon gar nicht als Auswärtiger ...

Danach geht es mit großem Gejohle auf der Jagd nach jungen Frauen durch die Stadt, vorneweg Wiefke, ein als Frau verkleideter Mann, der es besonders wild treibt. Die Horde ist auf der Suche nach jungen Frauen, denen man mit dem Kuhhorn ein paar Schläge auf den Hintern versetzen kann, ältere Frauen und Touristinnen werden verschont. Hinterher verteilen sie Moppe (Honigkuchengebäck) an die Geschlagenen, die Nichtgeschlagenen bekommen es aber auch. Zum Schluss versammeln sich alle an einem offenen Platz im Ortskern, wo eine kleine Säule steht, von der alle Klaasohms in die Menge springen.

› **Buchtipp**: Ocke Aukes: „Klaasohm", emons Verlag. In diesem Buch wird das Fest Klaasohm ziemlich detailliert geschildert und in eine Krimihandlung eingewoben, bei der es um Mordfälle geht, die sich im Abstand von vielen Jahren immer zum Klaasohm-Fest ereignen.

auf dem Festland im übrigen Norddeutschland, so zum Beispiel **Labskaus, Rübenmus oder Mehlbüdel.** Und die Köche auf der Insel verstehen ihr Handwerk, nicht selten haben sie jahrelange Erfahrung in ihren Hausrestaurants gesammelt und bieten eine ausgezeichnete Küche, die der Nachfrage der Urlauber entspricht.

Die meisten Lokale servieren **Fischgerichte** in allen Variationen, auch **Lamm** wird oft angeboten. Generell präsentieren sich die Restaurants ziemlich bodenständig. Fisch- und Fleischgerichte gehören zum Stan-

KURZ & KNAPP

### Richtig ostfriesisch Tee trinken

Zunächst mit sprudelndem heißem Wasser die Kanne ausspülen und das Wasser anschließend weggießen. Teeblätter lose in die Kanne legen und zu etwa einem Drittel mit heißem Wasser füllen. Alles ca. 2–6 Minuten ziehen lassen, dann kann die Kanne ganz mit Wasser gefüllt werden. Jetzt weiße Kluntjes (Kandis, keine braunen) in die Tassen geben und anschließend den Tee eingießen, aber die Tasse nur zu einem Drittel mit Tee füllen, die Kluntjes schauen noch ein wenig heraus. Das Knacken der Kluntjes zeigt, dass der Tee heiß genug ist. Danach Sahne mit einem Sahnelöffel in einer Kreisbewegung gegen den Uhrzeigersinn etwa mittig um die Kluntjes in die Tasse gießen, nicht (!) umrühren. Die Sahne löst sich auf und versinkt. Die Tasse ein wenig schwenken, dann trinken. So schmeckt man zunächst die Süße der Sahne, dann das Herbe des Tees und schließlich erneut die Süße der Kluntjes. Ist die Teekanne leer, können die Teeblätter bis zu viermal genutzt und wieder aufgebrüht werden. Wer keinen Tee mehr möchte, legt seinen Teelöffel, der bislang nicht genutzt wurde, in die Teetasse, wobei drei Tassen als angemessen gelten („drei Tassen sind Ostfriesenrecht"), vorher abzulehnen gilt als unhöflich. Tassen und Kanne sind oft mit dem Motiv der ostfriesischen Rose bemalt, mal geschlossen, mal offen, mal stilisiert dargestellt.

055bo-mux

dard, für den Hunger zwischendurch gibt es Speisen wie Flammkuchen und Fischbrötchen.

**Insgesamt wird früh gegessen:** Ab etwa 17 Uhr haben die Lokale am Abend geöffnet, in einigen schließt die Küche bereits um 20.30 Uhr wieder. In der Hochsaison sollte man unbedingt reservieren. Viele Lokale bieten einen **Mittagstisch** an und einige öffnen zumindest in der Hauptsaison durchgehend, aber längst nicht alle. In der **Nebensaison** haben viele Lokale außerdem **eingeschränkte Öffnungszeiten.**

Das Nationalgetränk Ostfrieslands ist der **Tee.** Und damit sind Ostfriesen sogar rekordverdächtig, denn sie trinken so viel Tee wie in Deutschland sonst niemand, nach den letzten Zahlen um die 300 Liter pro Kopf im Jahr. Das entspricht dem zehn- bis zwölffachen des bundesdeutschen Durchschnitts. Damit hängen sie sogar die Teetrinkernation schlechthin, Großbritannien, deutlich ab, denn die Briten kommen gerade einmal auf knapp über 200 Liter.

In Ostfriesland hat sich im Lauf der Jahrhunderte eine ganz eigene Teekultur herausgebildet. Immerhin wird auch noch heute bis zu sechsmal am Tag Tee getrunken und zwar jeweils drei Tassen. Da kommt schon was zusammen!

Das Teetrinken erfordert vor allem auch eine gewisse Muße und ein Sich-Zeit-Nehmen und genau dies können die Ostfriesen ganz unvergleichlich gut. Teetrinken ist fest verwurzelt in der Ostfriesischen Kultur. Deshalb wurde den Ostfriesen während des Zweiten Weltkriegs sogar eine Monatsration Tee auf Lebensmittelmarken zugestanden. Tee wird noch heute aus zarten, dünnwandigen Tassen getrunken.

## Strandlokale

- **Essbar** €€ <029> Jann-Berghaus-Straße 1 (Strandpromenade), Tel. 990455, geöffnet: März–Okt. tägl. 9.30–24 Uhr. Sehr schöne Lage mit tollem Meerblick unweit des Musikpavillons. Hier gibt es italienische Spezialitäten, zudem eine breite Auswahl an italienischen, französischen und deutschen Weinen.
- **Heimliche Liebe** €€ <030> Süderstraße 91, Tel. 8739099, geöffnet: März–Okt. tägl. ab 11 Uhr. Das Lokal steht direkt an der Strandpromenade unweit des Südstrands und des rot-weißen Leuchtturms. Es bietet einen sehr schönen Meerblick und verfügt über eine etwas nostalgische maritime Einrichtung. Serviert wird norddeutsche Küche mit Fisch in allen Varianten, aber auch Fleisch sowie einige vegetarische Speisen und nachmittags Kuchen.
- **Ria's Beach** €€ <031> Bürgermeister-Kieviet-Promenade, Tel. 9237033, https://riasbeach.de, geöffnet: tägl. ab 10 Uhr, Küche bis 22 Uhr. Fantastische Lage direkt an der Strandpromenade, mit einer großen Terrasse. Besonders gegen Abend werden die gemütlichen Liegestühle und Liegesäcke zum „Abhängen" gerne angenommen. Große Auswahl an internationalen Gerichten, es gibt auch Frühstück (bis 14 Uhr) und Mittagessen. Burger, u. a. der Rias-Burger, Fleischgerichte, Suppen, Fischbrötchen, Crêpes, Salate.
- **Strand 5** €€ <032> Von-Freese-Str. 41, Reservierungen: Tel. 0176 23390125 www.strand5.de, geöffnet: Mi.–Mo. 12–20, Küche bis 18 Uhr. Terrassenlokal direkt am Strand neben dem Aquarium mit schönem Meerblick und sehr langer Tradition, bereits Ende des 19. Jahrhunderts gab es hier ein Strandcafé, ältere Gäste kennen es vielleicht noch unter dem früheren Namen „Wilhelmshöhe". Die Inneneinrichtung ist luftig und in einem ruhigen Orange gehalten. Es gibt eine wechselnde Tageskarte und auch hausgemachte Suppen, Waffeln oder Salate, Fisch- und Fleischgerichte. Man sitzt auch drinnen direkt am großen Fenster sehr schön.
- **Strandcafé Seeblick** €€ <033> Waterdelle 48, Tel. 3371, geöffnet: Mi.–Mo.

Meine Tipps

### Lokale mit guter Aussicht

Es gibt mehrere Lokale, die am Strand liegen und einen schönen Blick aufs Wasser ermöglichen:

- **Heimliche Liebe** (s. oben): traditionsreiches Haus am Südstrand
- **Strand 5** (s. oben): Terrassenlokal neben dem Aquarium 12 am Südstrand
- **Essbar** (s. oben): liegt nahe beim Musikpavillon, bietet mediterrane Küche
- **Ria's Beach** (s. oben): untere Strandpromenade am Hauptstrand. Hat eine größere, gemütliche Terrasse.
- **Milchbuden** (s. S. 92): vor allem am Hauptstrand. Alle haben eine Terrasse mit Meerblick.
- **Strandcafé Seeblick** (s. oben): am Hauptstrand am Ende des Weges, der vor den Dünen nach Osten führt, knapp außerhalb des Ortes. Sehr schöner Fernblick von der Terrasse.
- **Yachthafen Restaurant** (s. S. 94): am Hafen. Von der etwas erhöht liegenden Terrasse blickt man nett und ziemlich ruhig aufs Wattenmeer und die Hafeneinfahrt.

### Lecker vegetarisch

Ein rein vegetarisches Lokal gibt es auf Borkum nicht. In vielen Restaurants finden sich aber zumindest einige vegetarische Gerichte auf der Speisekarte, sodass man nicht hungrig nach Hause geht.

056bo-mux

MEIN TIPP

### Milchbuden am Strand

Vor allem am Hauptstrand stehen sie, die sogenannten Milchbuden. Was eine gewaltige Untertreibung ist, denn Milch wird möglicherweise auch ausgeschenkt, aber darauf beschränkt sich das Angebot noch lange nicht. Im Gegenteil, diese Bistros befinden sich unmittelbar am Strand, haben alle eine Terrasse direkt im Sand und damit eine einzigartige Lage. Hier gibt es Essen und Trinken in allen Facetten, meist mit Selbstbedienung.

*Eines von mehreren Strandlokalen. Wer hier einen Platz an der Sonne ergattert, mag gar nicht mehr aufstehen.*

11–18 Uhr. Das Familienlokal befindet sich etwas erhöht am Ende der Strandpromenade und hat eine große Terrasse, von der aus man einen sensationellen Fernblick über die Dünen und den Strand bis zum weit entfernten Meer hat. Es gibt eine Bistrokarte mit kleinen Gerichten, aber auch leckere Torten und Blechkuchen (laktosefrei), außerdem eine Spielecke für Kinder.

## Restaurants

- **Alt Borkum** €€ <034> Roelof-Gerritz-Meyer-Str. 10, Tel. 2005, geöffnet: tägl. 17–22 Uhr. Das Lokal in Borkums historischem Kern bietet norddeutsche Küche, vor allem Fisch in vielfachen Variationen. Die Produkte kommen möglichst aus der näheren Umgebung, so stammen das Fleisch vom Susländer Schwein aus Schleswig-Holstein, das Rindfleisch von Borkumer Weiderindern und der Fisch aus Groningen. Es gibt auch vegetarische Gerichte.

- **Fisherman's Koeken** €€ <035> Bismarckstraße 12, Tel. 9328578, geöffnet: Do.–Di. ab 14 Uhr. Das Restaurant liegt an der Hauptmeile zum Strand. Hier werden verschiedenste Fischgerichte serviert. Aber auch Fleischgerichte, Pasta und Salate stehen auf der Karte.
- **Klein und Fein** €€€ <036> Fauermannspad 16, Tel. 7935, www.kleinundfein-borkum.de, geöffnet: Fr.–Mi. ab 17.30 Uhr. Ein Restaurant, das sich bezüglich des Anspruchs und der Speisekarte von anderen abhebt. Die Karte ist klein und wechselt regelmäßig, es werden Fisch und Fleisch, aber auch thailändische Spezialitäten serviert. Sehr zuvorkommender Service.
- **Palée** €€-€€€, Jann-Berghaus-Str. 63 (im Strandhotel Hohenzollern, s. S. 130), Tel. 92330, geöffnet: Do.–Di. 17.30–21 Uhr. Das Restaurant bietet dank seiner Lage in der ersten Strandreihe einen wunderschönen Meerblick. Bereits 1898 wurde hier ein Hotel unter dem Namen „Hohenzollern" betrieben, das Restaurant mit seinen hohen Räumen und Decken hat noch heute ein wenig von diesem historischen Charme. Serviert werden Fisch- und Fleischgerichte, zusätzlich gibt es regelmäßig wechselnde Angebote und für Kinder eine eigene Karte und einen Indoor-Spielplatz. Frühstück wird zwischen 7.30 und 11 Uhr angeboten.
- **Pizzeria Meeresblick** €€ <037> Bismarckstraße 57, Tel. 932811, www.meeresblick-borkum.de, geöffnet: Do.–Di. 11.30–14 und 17–22 Uhr. In dem großen Lokal mit Blick auf die Promenade und zum Meer gibt es wagenradgroße Pizzen aus dem Steinofen, aber auch Fisch- und Fleischgerichte sowie hausgemachte Nudeln. Draußen befindet sich eine kleine Terrasse. Flinke, sehr aufmerksame Kellner.
- **Valentin's** €€ <038> Neue Straße 12, Tel. 9325030, geöffnet: tägl. 17–21.30 Uhr. Das in angenehmen, warmen Farben eingerichtete Lokal bietet einen Querschnitt durch die mediterrane Küche, beispielsweise spanische Tapas und italienische Vorspeisen, aber auch Fisch, Fleisch und Nudeln. Draußen findet man eine gemütliche Terrasse unter Bäumen vor.
- **Zum Insulaner** €€ <039> Fauermannspad 5 5, Tel. 9321148, www.zuminsulaner-borkum.de, geöffnet: tägl. 17–22 Uhr. Fisch-, Geflügel- und Fleischgerichte in recht großen Portionen. Draußen gibt es eine überdachte Terrasse. Das Lokal liegt in einer Seitengasse der zentralen Fußgängerzone und ist deshalb ziemlich ruhig.

111bo-hj

> *Dreierlei vom Fisch an Bratkartoffeln*

## Außerhalb des Inselorts

- **Bauernstuben** €€ <040> Ostland 3, Tel. 3504, https://hauptsachen.de, geöffnet: tägl. ab 10 Uhr, Küche bis 20 Uhr. Altbewährtes Restaurant mit großer Terrasse im Ausflugsgebiet Ostland 21. Es gibt regionale Gerichte, hausgemachten Blechkuchen und Torten, darunter auch Sanddorn- und Ostfriesentorten. Frühstück wird auch serviert, sogar bis 12 Uhr. Kinder können gleich nebenan auf einem Spielplatz herumtoben oder kleine Tiere ganz aus der Nähe betrachten.
- **Café Ostland** €€ <041> Ostland 4, Tel. 2202, https://cafe-ostland.de, geöffnet: Di.–So. 10–20 Uhr. Dieses Restaurant verfügt ebenfalls über einen großen Garten und trägt den Beinamen „Letzte Gaststätte vor Juist", weiter östlich kommt kein Lokal mehr. Es befindet sich auf einem großen Bauernhof und ist ein exponiertes Ausflugsziel. Serviert wird eine regional geprägte Küche, darunter Lamm und Fisch, wobei die Matjes-Gerichte eine Spezialität des Hauses sind. Eine hauseigene Konditorei backt Kuchen und Torten, darunter auch Sanddorntorten. Als kleines Schmankerl gibt es sogar eine eigene Milchkarte mit 30 Milch- und Eisangeboten wie Sanddorn-Buttermilch oder Quarkcreme mit roter Grütze.
- **Dünenbudje** €€ <042> Ostfrieslandstraße (auf Höhe des FKK-Strands), Tel. 932630, www.duenenbudje-borkum.de, geöffnet: Frühjahr bis Spätherbst 10–18 Uhr. Kleines, uriges Lokal mit recht großer Terrasse, das knapp hinter den Dünen auf Höhe des FKK-Strandes liegt. Außen fällt der sehr großzügige Parkplatz für Fahrräder auf, was darauf hindeutet, dass viele Radfahrer auf ihren Ausflügen einen Stopp im Dünenbudje einlegen. Für Kinder gibt es einen eigenen Spielplatz. Legere Atmosphäre, Selbstbedienung. Die Karte bietet Bistroküche, u. a. mit Milchreis, Matjes, Bio-Sanddorn-Produkten, Kuchen, Suppen, Hotdogs und Waffeln.
- **Upholm-Hof** €€ <043> Upholmstraße 45, Tel. 4176, https://upholm-hof.de, geöffnet: Mi.–Mo. Biergarten ab 12 Uhr. Großes, rustikal-gemütliches Lokal auf einem Hof, der sich zu einem beliebten Ausflugsziel knapp vor den Toren des Ortes entwickelt hat. Hier befindet sich Borkums größter Biergarten, der geöffnet ist, während das Restaurant für die Saison 2024 geschlossen bleibt. Im Biergarten gibt es ein vielseitiges Speiseangebot mit Fisch, Fleisch und Eintöpfen. Kindern steht ein großer Spielplatz zur Verfügung.
- **Yachthafen Restaurant** €€ <044> Am Neuen Hafen 2, Tel. 7773, geöffnet: tägl. 10–21 Uhr. Das Restaurant kann ganz entspannt mit dem Rad, per Bus und sogar zu Fuß über den Deich erreicht werden. Es liegt nicht nur an einem Hafen, sondern ist auch maritim eingerichtet, aus den großen Fenstern schweift der Blick weit hinaus aufs Wasser, ähnlich auch von der Terrasse, von wo man bis zur holländischen Küste schauen kann. Es gibt Fisch in mannigfaltiger Form sowie Fleischgerichte. Als Hausspezialität gelten die Seezunge und das Rumpsteak Strindberg, aber auch für Vegetarier gibt es Gerichte. Am Nachmittag wird auch Kuchen serviert, wahlweise mit Kaffee oder Tee.

## Cafés

- **Breakfastclub Rias** €-€€ <045> Strandstraße 32, Tel. 92470, geöffnet: tägl. 8–12 Uhr. Liegt unweit vom Strand in einer ruhigen Seitenstraße und bietet täglich ein umfassendes Frühstück an, auch vegetarische Varianten.
- **Café Lüttje Toornkieker** €€ <046> Wilhelm-Bakker-Str. 1, Tel. 9328930,

https://toornkieker.de, geöffnet: Di.–So. 9–18 Uhr. Das Café verfügt über eine nette Terrasse mit Blick auf den Alten Leuchtturm. Es gibt Frühstück, verschiedene Kaffee- und Teevariationen, kleinere Gerichte, auch einige vegetarische und vegane Angebote und selbstgemachte Eintöpfe.

- **Café Sleeboom** €-€€ <047> Neue Straße 31, Tel. 9232801, geöffnet: Mi.–So. 11–17 Uhr. Nettes, kleines Café, wo es neben Tee- und Kaffeespezialitäten auch Kuchen und leckere Waffeln gibt, auch Verkauf außer Haus.
- **Das Inselcafé – Pfannkuchenhaus** €-€€ <048> Strandstr. 20, Tel. 9234310, geöffnet: Mi.–Mo. 11–18 Uhr. Das kleine Lokal liegt unweit des Bahnhofs. Es gibt Pfannkuchen in allen Variationen, beispielsweise als Speckpfannkuchen, mit Vanillesauce oder mit Preiselbeeren. Es werden aber auch eine leichte Bistro-Küche sowie Torten und Kuchen serviert.

## Bistros

- **Brasserie** €€ <049> Franz-Habich-Straße 18, Tel. 9247900, geöffnet: tägl. 9–23 Uhr. Das gesamte Jahr über geöffnet und ganztägig warme Küche, das ist nicht die Regel. Das breite Angebot reicht von Frühstück über Pizza und Pasta, Burger, Salate bis hin zu norddeutschen Fisch-Gerichten und einem klassischen Abendbrot.
- **Fischbutze** € <050> Strandstr. 16, geöffnet: tägl. 11–18 Uhr. Winziger Laden mit Verkauf durch eine Fensterklappe. Hier gibt es frische und nach Wunsch des Kunden individuell belegte Fischbrötchen, sogar die Art des Brötchens und die Beilagen kann man wählen.
- **In Undis** €€ <051> Strandstr. 12, Tel. 9324856 geöffnet: Mo.–Sa. ab 17 Uhr. Das Motto dieses kleinen, schicken Bistros lautet: „Spanien trifft Borkum". Reiche Auswahl an Tapas, darunter solche aus Fisch, warme und kalte Tapas. Wem dies nicht genügt, der kann auch Steaks bekommen oder sich ein norddeutsches

*Bereit zum Sundowner*

112bo-hj

Gericht aus der wechselnden Tageskarte aussuchen.

- **Kleine Borkumer Eiskonditorei** € <052> Franz-Habich-Straße 23, Tel. 0160 96766026, https://borkumeis.de, geöffnet: „vom späten Morgen bis zum frühen Abend". Selbst gemachtes Eis von einem Borkumer, der bereits bei der WM der Eismacher in Italien mit einem Sonderpreis ausgezeichnet wurde. Es gibt immer auch ein Eis des Tages.
- **Relitto** €€ <053> Westerstraße 20, Tel. 3004049, geöffnet: Mi.–Mo. 17.30–21 Uhr. Kleines, gemütliches italienisches Bistro mit kleiner, aber feiner Karte (keine Pizza, auch vegetarische Gerichte), das im Zentrum in einer Seitenstraße liegt. Das Angebot fällt auf Borkum aus dem Rahmen.

## Kino, Theater, Konzerte

Ein **Kino** (Tel. 9249211) befindet sich in der Kulturinsel. Es verfügt über einen Saal und es werden mehrere Filme am Tag gezeigt, die ersten bereits am Nachmittag (gut an Regentagen!), darunter auch aktuelle Werke.

Außerdem finden in der Kulturinsel viele kulturelle Veranstaltungen statt, seien es **Lesungen, Theateraufführungen oder Konzerte** (Tel. 933710).

- **Kulturinsel** <054> Goethestraße 25

# Was wo kaufen?

Borkum bietet eine **große Bandbreite kleiner Läden**, die längst nicht nur die typischen Strandutensilien verkaufen, wie man sie in jedem Badeort findet. Nein, hier gibt es **Schmuck- und Modegeschäfte** und viele kleine Angebote lokaler Händler, darunter beispielsweise Fischhöker (Fischhändler auf Plattdeutsch), Teegeschäfte oder auch Läden mit Sanddorn-Produkten und Kunsthandwerk. Große Kaufhäuser gibt es nicht, dafür aber etliche **Supermärkte**, diese haben meist bis nach 18 Uhr geöffnet und befinden sich zumeist im Ortskern, einige auch am Stadtrand.

Ortstypische oder lokal produzierte **Lebensmittel** gibt es nicht viele. Zwangsläufig wird fast das gesamte Angebot auf die Insel transportiert, was zu etwas höheren Preisen als auf dem Festland führt.

Die **Haupteinkaufszone** konzentriert sich auf wenige Straßen, vor allem die Bismarckstraße, die Neue Straße, die Strandstraße und die Franz-Habich-Straße. Da alle zu Fußgängerstraßen umgestaltet sind, lässt es sich hier wunderbar flanieren.

Durch die Bäderregelung können die Läden meist auch am Sonntag öffnen, was aber längst nicht alle tun. Generell schließen die meisten Geschäfte gegen 18 Uhr, spätes Shopping wie in einer Großstadt ist auf Borkum nicht möglich.

## Empfehlenswerte Geschäfte

- **43 Kleider & 7 Sachen** <055> Strandstraße 30, Tel. 0162 1372307, geöffnet: Mo.–Fr. 10–13, 15–18, Sa. 10–13 Uhr (saisonal abweichend). Mode aus ökologisch hochwertiger Produktion sowie Wohnaccessoires und Papeterieartikel, dazu besonderes Kinderspielzeug.
- **Atelier am Meer** <056> Jann-Berghaus-Straße 1, Tel. 990555, www.atelier-am-meer.de, geöffnet: Mo.–Fr. 10–12.30, Mo./Di./Do./Fr. zusätzlich 15–18 Uhr. Kleine Galerie direkt an der Strandpromenade, in der Bilder der Künstlerin Nicole Wenning mit Borkum-Motiven ausgestellt werden. Die Künstlerin bietet zudem Malkurse (auch für Kinder) an.

058bo-mux

■ **Dat Börkumer Sanddornhus** <057> Franz-Habich-Straße 14, Tel. 9326900, geöffnet: Mo.–Fr. 10–18, Sa. 10–16, So. 10–14 Uhr. Viele Produkte und Artikel rund ums Thema Sanddorn, z. B. Liköre, Tees, Marmeladen, Süßigkeiten und Kosmetika.

■ **Doros Kunststube** <058> Alte Schulstraße 5, Tel. 0151 11517649, geöffnet: Mo.–Fr. 10–12.45, 15–18, Sa. 10–12 Uhr. Handwerkerkunst aus der Region und Ölgemälde.

■ **Galerie Dachwitz** <059> Strandstraße 16, Tel. 0175 4320402, geöffnet: Mo./Mi./Fr. 16–18 Uhr. Fotografien der Insel-Landschaften und -Naturräume, aber auch ungewohnte Blicke auf die Stadt Borkum in Form von Postkarten, Originalen oder Kalendern.

■ **Inselgalerie Die Schatzkiste** <060> Bismarckstraße 14, Tel. 4140, geöffnet: Mo.–Sa. 10–13.30, Mo.–Fr. auch 16–18 Uhr. Kleiner Laden zum Stöbern mit Schmuck, Porzellan, Gemälden, Kunsthandwerk und Glaskunst.

■ **Knobelkiste** <061> Franz-Habich-Straße 21, Tel. 9234803, geöffnet: Mo.–Fr. 10–13, 15–18, Sa. 10–13 Uhr. Kleiner Laden mit einer Vielzahl an Denk- und Knobelspielen, Puzzlen und auch handgefertigten Spielen.

■ **Küstengut** <062> Bismarckstraße 32, Tel. 932384, geöffnet: Mo.–Fr. 10–18, Sa. 10–17, So. 10–16 Uhr. Feines von Borkum, so wird das Angebot dieses einladend dekorierten Geschäftes angepriesen. Es gibt Artikel mit Bezug zur Insel wie Tee, Sanddornprodukte, Geschirr, Marmeladen und Likör.

■ **Lüttje Strandpiraten** <063> Franz-Habich-Straße 18, Tel. 9324066, geöffnet: Mo.–Fr. 10–12.30, 15–17, Sa. 10–13 Uhr. „Lüttje" ist Plattdeutsch und bedeutet „klein" und genau darum geht es in diesem Geschäft, denn hier

⌃ *Wer sucht, der findet auch ganz spezielle Souvenirs*

MEIN TIPP

**Strandbags**

Mal was anderes und etwas ganz Typisches für Borkum: Strandtaschen handgefertigt aus dem Stoff der Borkumer Strandzelte. Diese bunten Taschen werden in unterschiedlichen Größen in der Innenstadt verkauft.

- **Sun and Bag (1)** <069> Wilhelm Bakker Straße 16, Tel. 3004606, https://sunandbag.de
- **Sun and Bag (2)** <070> Strandstraße 9

wird Kinderbekleidung „und Meer“ angeboten.

- **Skyland Kites** <064> Strandstraße 43–47, Tel. 9238250, geöffnet: Mo.–Sa. 9–12.30 und 14.30–18 Uhr. Hier gibt es eine große und gute Auswahl an Drachen und Windspielen.
- **Tanjas Teeladen** <065> Franz-Habich-Straße 21, Tel. 1091, geöffnet: Mo.–Fr. 10–13, 15–18, Sa. 10–13 Uhr. Im Angebot sind sehr viele verschiedene Teesorten, Postkarten, Geschirr und Sanddornprodukte.
- **Teeparadies** <066> Strandstraße 21, Tel. 990727, geöffnet: Mo.–Fr. 9.30–18, Sa. 9.30–13, So. 10–12.30 Uhr. Große Auswahl von über 200 Tees aus aller Welt, aber auch lokale Produkte wie Sanddorntees und sogar Sanddornsahne.
- **Twinkle** <067> Franz-Habich-Straße 20, Tel. 9329545, geöffnet: Mo.–Fr. 10–18, Sa. 10–13 Uhr. Schmuck mit maritimen und Borkum-Motiven, außerdem Bernsteinunikate und Trauringe, hochwertige Uhren sowie Kinderschmuck.
- **Windy** <068> Bismarckstraße 43, Tel. 3870, geöffnet: Mo.–Sa. 10–13, 15.30–17.30, So. 10–13 Uhr. Hier gibt es Drachen in allen Varianten und das passende Zubehör, auch zum Buggyfahren und Kitesurfen, außerdem Windspiele, Spielzeug, Strandutensilien.

# Natur erleben

## Allgemein

Auf der Nordseeinsel Borkum gibt es unterschiedliche Naturlandschaften. Neben dem breiten **Sandstrand** und den malerisch schönen **Dünen** wachsen hier auch Bäume in zwei **Wäldchen**, was auf Nordseeinseln eher ungewöhnlich ist. Außerdem gibt es eine Zone mit **Weiden und Wiesen** und an der Wattseite schließt sich das Übergangsland **Salzwiese** an. Die Südseite der Insel ist durch einen **Seedeich** geschützt, dahinter öffnet sich die Wunderwelt des **Wattenmeers.** Überall haben sich Pflanzen und Tiere angesiedelt und den jeweiligen Bedingungen angepasst.

## Die Nordsee

Die Nordsee ist ein Teil des Atlantischen Ozeans. Sie hat durch das Skagerrak (zwischen Dänemark und Norwegen) Kontakt zur Ostsee und durch den Ärmelkanal (zwischen Großbritannien und Frankreich) zum Atlantik. Der Wasseraustausch mit dem Atlantik ist gewaltig, mit der Ostsee jedoch gering, was sich langfristig nachteilig auf den Sauerstoffgehalt der Ostsee auswirkt. Die gesamte Nordsee hat eine durchschnittliche Tiefe von nicht ganz 100 Metern und hat eine Fläche von 575.000 km². Die Nord-Süd-Ausdehnung beträgt 1100 km, wovon der deutsche Küstenanteil etwa 460 km entspricht.

Entstanden ist die Nordsee nach dem Abschmelzen der letzten Eiszeit, der Weichseleiszeit. Diese Kälte-Phase begann vor ca. 115.000 Jahren und endete vor ca. 11.000 Jahren, phasenweise lag der Meeresspiegel damals 120 Meter unter dem heutigen.

Nach dieser Eiszeit schmolzen die Gletscher langsam ab, der Nordseepegel stieg langsam an. Landmassen erhoben sich vom Druck des Eises befreit, niedrig gelegenes Land versank dagegen in den Fluten und erste Inseln entstanden. Der Wasserpegel stieg langsam. Vor etwa 5000 Jahren lag der Wasserstand gut 10 m unter dem heute gültigen Normalnull. Knapp 1000 Jahre später entstanden die ersten **Watten**, der gestiegene Wasserpegel staute schließlich auch die Flüsse und ein breiter, schlammiger Streifen bildete sich heraus. Hier lagerten sich im Lauf der Jahrtausende viele Sinkstoffe ab und bildeten einen Nährboden für Kleinstlebewesen aller Art. Durch die Gezeiten fielen diese Gebiete periodisch trocken und wurden dann ebenso regelmäßig wieder überschwemmt. Der Wind tat ein Übriges, er wehte überwiegend aus Westen und trieb Sand vor sich her, der sich schließlich auf Meeressockeln ablagerte. Kleine Inseln entstanden, erste Pionierpflanzen wuchsen und auf diesen Sandinseln siedelten sich schließlich auch Menschen an.

## Inseln in der Nordsee

Vor der deutschen Nordseeküste liegen ein gutes Dutzend bewohnter Inseln im Meer sowie einige unbewohnte Inseln und zehn Halligen, die in etwa kreisförmig um die Insel Pellworm angeordnet sind. In Schleswig-Holstein sind dies die Nordfriesischen Inseln Sylt, Amrum, Föhr und Pellworm nebst den Halligen, Helgoland bildet eine Ausnahme, da diese als Hochseeinsel etwa 70 km entfernt vom Festland liegt und eine andere Entstehungsgeschichte hat. Die **Nordfriesischen Inseln** sind im Kern entweder früheres Festland oder Reste von einst größeren Inseln, die im Lauf der Jahrhunderte durch Sturmfluten zerrissen und von Wind und Strömungen modelliert wurden. Die Inseln Sylt, Amrum und Föhr haben einen Geestkern und liegen im Wattenmeer, das hier von tiefen Prielen und Strömungswegen durchzogen wird, was es für die Schifffahrt nicht gerade leicht macht. Die **Priele** erkennt man so richtig erst bei Ebbe, bei Hochwasser sind sie vom Meer bedeckt und zumindest teilweise durch Pricken oder Bojen markiert. Pellworm und einige Halligen sind Überbleibsel eines früher sehr fruchtbaren Marschbodens, der zum Festland gehörte. Gewaltige Sturmfluten zerrissen die Küstenlinie, schufen neue Inseln, ließen früheres Land untergehen. Aber auch der beständige Wellengang, die dauernde Strömung sowie der zumeist aus West wehende Wind veränderten die Inseln und lassen sogar noch heute die Strände wandern. Es entstehen ganz neue Sandarme, Nehrungen genannt, was man gut im Norden von Sylt beim „Ellenbogen“ sehen kann. Auch auf Borkum wandert vor dem Hauptstrand eine Sandbank Richtung Insel, es ist jene Sandbank, auf der die Seehunde gerne rasten (s. S. 109).

Die **Ostfriesischen Inseln** bestehen aus den sieben Inseln Borkum, Juist, Norderney, Baltrum, Langeoog, Spiekeroog und Wangerooge sowie aus den vier unbewohnten Mini-Eilanden Lütje Hörn (östlich von Borkum), der Vogelinsel Memmert und der Kachelotplate (zwischen Borkum und Juist), Minsener Oog und Mellum (beide südöstlich vor Wangerooge). Sie haben im Gegensatz zu den Nordfriesischen Inseln einen sandigen Untergrund, den die Nordseeströmung beständig heranspült. Zunächst waren es nur Sandbänke, die bestenfalls sporadisch bei Ebbe aus dem Wasser herausragten, später wuchsen sie, wurden nicht mehr überspült und allmählich wurden sie größer und höher und Dünen entstanden.

Wann genau die **Besiedlung** begann, ist nicht ganz geklärt, vermutlich im Mittelalter. Der beständig wehende Wind ließ einerseits die schönen Strände entstehen, lässt aber auch bis heute die Inseln wandern. So hat sich Wangerooge in den letzten 400 Jahren um etwa drei Kilometer fortbewegt und auf Juist musste die evangelische Inselkirche 30 bislang fünfmal versetzt werden, da Sandverwehungen ihren jeweiligen Standort gefährdeten. Auch Sturmfluten tragen einiges dazu bei, reißen an der einen Stelle Sand ab, tragen ihn an anderer Stelle wieder an, es ist viel Dynamik im Spiel. So ist auch eine der früheren Ostfriesischen Inseln vollständig untergegangen. Die Insel **Buise** lag zwischen Juist und Norderney und war bis 1541 bewohnt, im Jahr 1690 ging sie nach der Petriflut für immer verloren, ihr Sand wanderte nach Norderney. Ursprünglich soll Buise bei einer Sturmflut aus der sehr viel größeren Insel Bant herausgerissen worden sein. Auch Bant verschwand in den Fluten, im 16. Jahrhundert war sie noch bewohnt. Durch Erosion und Sturmfluten schrumpfte die Insel immer mehr, bis sie ab 1780 vollständig in der Nordsee verschwand.

Alle Inseln, sowohl die nordfriesischen (mit Ausnahme von Helgoland) als auch die ostfriesischen liegen dem Festland in einer Entfernung von etwa 5–20 Kilometern vorgelagert. Diese Inselkette bildet eine Art **Barriere gegen die beständig anrollende Nordsee.** Speziell der 40 Kilometer langen Insel Sylt raubt die Nordsee beständig Sand und lässt sie damit in ihrer Substanz schrumpfen, was dann im Frühjahr mit kostspieligen Sandaufspülungen ausgeglichen werden muss. Aber der Sand ist ja nicht weg, er treibt nur ab und lagert sich u. a. auf der benachbarten

059bo-mux

Insel Amrum ab, weswegen es dort einen in Jahrhunderten gewachsenen, kilometerbreiten Sandstrand gibt. Dieses Beispiel mag extrem sein, sowohl was die Sylter Sandverluste, aber auch den wirklich einzigartig breiten Amrumer Strand angeht, aber das Grundprinzip betrifft alle Inseln. Der ständige **Westwind**, die **Wellen**, die **Gezeiten** haben an der jeweiligen Westseite der meisten Inseln einen **schönen, hellen Sandstrand** entstehen lassen, mal stärker ausgeprägt – wie auch auf Borkum – mal etwas weniger breit. Und auch auf Borkum zeigt sich der grundsätzliche Insel-Aufbau, dass der Sandstrand an der zum Meer hin offenen Seite von einer kleinen Dünenzone begrenzt wird. Etwas weiter im Inland stehen dann hochgewachsene Weißdünen, die von Strandhafer am Wandern gehindert werden. Noch weiter im Hinterland hat sich die Farbe der Dünen durch Humus verdunkelt, diese nennt man **Graudünen** bzw. Braundünen (auch der Begriff Schwarzdünen ist bekannt), da hier sogar Büsche oder Bäume wachsen können. Danach folgen **Flächen mit kleinen Wäldern, Weiden** und schließlich an der dem Festland zugewandten Inselseite **Salzwiesen,** wo nur noch sehr spezielle salzwasserresistente Pflanzen wachsen können. Daran schließt sich dann das Wattenmeer an, das einen ganz eigenen Lebensraum darstellt.

*Die Nordsee zeigt sich manchmal von ihrer rauen Seite*

## Ebbe und Flut

Die Nordsee wird durch die **Gezeiten** (**Tiden**) geprägt. Fließt das Wasser ab, spricht man von Ebbe, auflaufendes Wasser wird Flut genannt. **Hochwasser** ist der höchste Stand des Wassers. Hat das ablaufende Wasser seinen tiefsten Punkt erreicht, so nennt man das Niedrigwasser. Wenig später beginnt das Wasser wieder aufzulaufen. Der kurze Zeitraum dazwischen wird **Stauwasser** genannt, dann „steht" das Wasser. Gefährlich wird es bei Neumond oder Vollmond, da sich dann die Kräfte verstärken und die Tide „an Land springt", was **Springtide** oder **Springflut** genannt wird. Herrscht bei auflaufendem Wasser starker Westwind, kommt es zu einer der gefürchteten **Sturmfluten.** Das Gegenteil ist eine **Nipptide.** Bei Halbmond heben sich die Kräfte von Sonne, Mond und Erde nahezu auf, die Flut „nippt" nur schwach ans Ufer.

Sechs Stunden läuft das Wasser auf, dann läuft es wieder sechs Stunden ab und alles geht von vorne los. Nach exakt 12 Std. und 25 Min. wird dann wieder Hochwasser erreicht. Dieses Phänomen kann weltweit beobachtet werden und hängt mit dem **Mond** zusammen. Ein kompliziertes Zusammenwirken der Anziehungskräfte und der Fliehkraft des Mondes und der Erde erzeugt ein Ansteigen und Absinken des Wasserstandes, an den Küsten als Ebbe und Flut spürbar.

Die Erde dreht sich in 24 Stunden einmal um die eigene Achse, der Mond aber benötigt knapp 25 Stunden, um die Erde einmal zu umrunden, weswegen sich die Tiden jeden Tag um knapp eine Stunde verschieben.

Genaue Tiden können im **Gezeitenkalender** nachgelesen werden, der meist in der Touristeninformation (s. S. 121) ausliegt.

## Dünen

Sehr vereinfacht ausgedrückt, entstanden die Ostfriesischen Inseln durch Sandaufschiebungen, die durch den stetig wehenden Wind aus zumeist westlicher Richtung und durch die entsprechenden Strömungen des Meeres bedingt sind. Zuerst bilden sich im Wind, der den Sand treibt, kleine **Hindernisse** wie **Ansammlungen von Muschelschalen**, an denen Sand hängen bleibt. Dadurch entstehen langsam kleine Sandhäufchen. Nun bilden sich allmählich Sandbänke auf Bodensockeln, die schließlich nicht mehr vom Wasser überspült werden. In Sandsenken sammelt sich Regenwasser, was schließlich zur Ausbildung von ersten **Pflanzen** führt. Der ständige Westwind schichtet dann nach und nach den Sand zu **Dünen** auf und lässt diese gleichzeitig langsam von West nach Ost wandern.

Schließlich entstehen dann aus den Sandhäufchen die ersten, noch kleinen Dünen und der **Strandhafer** siedelt sich an. Er ist so robust, dass er auch kurzfristig vom Sand zugeweht werden kann. Dann schiebt er einfach seine Blätter nach oben und buddelt sich gewissermaßen selbst wieder aus dem Sand heraus. Nach unten entwickelt der Strandhafer meterlange Wurzeln und sitzt so tief und fest verankert auf der Düne. Seine langen Wurzeln verhindern auch, dass der Sand weiterwandern kann.

Nachdem sich der Strandhafer festgesetzt hat, entstehen allmählich **Weißdünen.** Durch den zumeist aus westlicher Richtung wehenden Wind wird immer mehr Sand auf der dem Meer zugewandten Seite angehäuft, die Dünen wachsen hier. An der Landseite wird stellenweise Sand abgetragen, außerdem gehen dem Strandhafer so langsam die Nährstoffe aus. Im Windschatten der Dünen wäscht das

*⌃ Die Weißdünen stehen noch direkt am Strand und fangen immer mehr Sand auf*

Mein Tipp

### Aussichtsdünen

Es gibt mehrere Aussichtsdünen, von denen man jeweils einen spektakulären Rundblick genießt:

- **Aussichtsdüne Dünenweg** <071> 17,80 m. Sehr nahe der Stadt, wird über die Boeddinghausstraße erreicht.
- **Aussichtsdüne Olde Düne** <072> 16,60 m. Beim Ostland (21) an einer Seitenstraße der Ostfrieslandstraße.
- › **Sterenklippdüne** (22), 15,80 m. Ganz im Osten der Insel zwischen Ostland und der Ostspitze Hooge Hörn, kann nur per Rad oder zu Fuß erreicht werden.

Regenwasser über die Jahre den Kalk aus und aus abgestorbenen Pflanzen entsteht **Humus**, der die obere Sandschicht dunkel färbt, sodass allmählich die **Graudüne** entsteht. Dort siedeln sich weitere Pflanzen an, beispielsweise **Gräser oder Kräuter.** Der Boden wird durch weiteren Humus immer dunkler. Dieser Prozess setzt sich im Lauf der Zeit fort, denn je mehr Humus sich bildet, desto stärker verändert sich die Farbe der Düne und sie wird allmählich immer brauner. Allerdings verändert sich dann auch der Pflanzenbewuchs, es siedeln sich **Beeren, kleine Sträucher und Heidekraut** an.

In den Dünentälern sammelt sich teilweise Wasser, was wieder spezielle Pflanzen und sogar **Kröten** anzieht, hier wächst die **Glockenheide,** die im Sommer rosafarben aufblüht.

Durch den Wind werden die Dünen beständig ostwärts getrieben. Bereits im 18. Jh. wurde versucht, die **Wanderung der Dünen** zu verhindern. Dies geschieht noch heute durch Bepflanzung mit Strandhafer und durch sogenannte Fangzäune. Die Sandfangzäune bestehen aus Reisigbündeln und werden am Strand unmittelbar vor den Dünen gepflanzt, sie stehen dort wie ein Gartenzaun. Später haben Menschen durch künstliche Bepflanzung mit Strandhafer den Prozess des Wanderns zumindest verzögert. Beinahe durchgehend verläuft ein Dünengürtel entlang des Sandstrandes an der Nordseite. Wanderung 3 (s. S. 76) führt durch diese Dünenlandschaft.

## Wald

Ursprünglich existierten auf Borkum keine entwickelten Waldgebiete. Zwar konnte sich Buschwerk ansiedeln, aber selten hochwachsen, da es häufig als Brennholz genutzt wurde. Auf natürlichem Weg gelangten keine Baumsamen vom Festland auf die Insel, sodass im 19. Jahrhundert versucht wurde, importierte Samen auszubringen. Das gelang erst um 1890 endgültig, als Samen von Erlen, Kiefern und Birken an verschiedenen Stellen im Ostland (21) und vor allem in der Greune Stee ausgesetzt wurden. Später wurden dann weitere Bäume gepflanzt, vor allem, um Bunker zu tarnen. Seitdem verbreitet sich der Baumbestand auch auf natürlichem Weg auf Borkum.

Die **Greune Stee** (Grüne Stelle) liegt an der Südseite der Insel und ist das größte Waldgebiet von Borkum. Der Wald gehört zum Nationalpark und wird nicht bewirtschaftet, umgefallene Bäume bleiben liegen. Ursprünglich war die Greune Stee eine begrünte Zone mit feuchten Dünentälern. Nach dem Anpflanzen der ersten Bäume wurde über die Jahre das ganze Gelände gezielt aufgeforstet und entwickelte sich dadurch zum größten Waldgebiet, das noch immer

**sumpfartige Stellen** aufweist. Heute brüten hier sowohl Sumpfvögel als auch Singvögel wie Amseln, Meisen oder Buntspechte. Mehrere Wanderwege führen hier hindurch, auch der in diesem Buch beschriebene Wanderweg Nr. 1 (s. S. 72).

Ein weiteres Waldgebiet liegt unweit des Flugplatzes bei der **Waterdelle**, einem Dünental. Auch hier wurden Anfang des 20. Jahrhunderts Gehölze angepflanzt, die heute ein kleines zusammenhängendes Wäldchen bilden, in dem zahlreiche Singvögel leben. Ein Wander- und Radweg, an dem mehrere Info-Tafeln zur Flora und Fauna des Waldes stehen, führt durch dieses Areal Richtung Stadt. Die im Buch beschriebene Wanderung Nr. 2 führt hier entlang (s. S. 74).

## Weiden und Wiesen

Auf Borkum gibt es ausgedehnte Grünflächen, die landwirtschaftlich genutzt werden. Die Wiesen entstanden durch Eindeichungen, frühere Salzwiesen verloren ihren Salzgehalt, als sie keinen Kontakt mehr mit dem Meerwasser hatten und das Salz allmählich durch Regenwasser ausgespült wurde. So entstanden Wiesen, auf denen Tiere weiden und Heu existiert. Die stadtnahe Wiese wird aufgrund ihrer Lage innerhalb des Alten Deiches im Bereich Upholm und südlich des Flugplatzes **Binnenwiese** genannt (Wanderung 2 führt hier vorbei, s. S. 74). Heute grasen hier vor allem Pferde, früher wurde hier sogar Ackerbau betrieben. Eine weitere Grünfläche ist die Außenweide, die östlich vom Flugplatz am Tüskendörsee liegt, auch hier wird nur Tierhaltung betrieben (siehe Wanderung 5 S. 80).

## Salzwiesen

Salzwiesen liegen im **Übergangsbereich zwischen Meer und Land**, sie werden zumindest sporadisch vom Meer und damit von Salzwasser überflutet. Hier können nur Pflanzen gedeihen, die sich sowohl an den festen Boden als auch an das Meersalz angepasst haben, was vor allem dem **Queller** ausgezeichnet gelingt. Die meisten Pflanzen würden das Salz gar nicht vertragen und eingehen. Salzwiesen entstehen vor allem am Ufer des Wattenmeeres, wenn sich allmählich eine Schlickschicht bildet, die nach und nach fester und damit auch immer seltener überflutet wird. Meist siedelt sich zunächst der Queller an, den mancher Koch mittlerweile als salzhaltige Beilage zu seinen Gerichten entdeckt hat.

Nur dort, wo die Salzwiesen nicht mehr regelmäßig überflutet werden, bildet sich eine eigenständige Vegetation aus Salzpflanzen auf dem besonders fruchtbaren Boden heraus. Neben Queller wachsen hier vor allem **Andelgras, Rotschwingel und Strandflieder**, alles Pflanzen, die den hohen Salzgehalt ertragen. Im Frühjahr blühen zartrosafarben die **Strandgrasnelken**, im Spätsommer der lilafarbene **Strandflieder.** Queller zeigt sich im Herbst bräunlich. Speziell hier brüten in den Sommermonaten, wenn die Pflanzen blühen und ihnen somit eine besonders gute Tarnung bieten, auch viele **Vögel.**

Salzwiesen liegen auf Borkum an der Wattseite auf der Südseite der Insel. Eine große Salzwiese ist die **Ronde Plate (Runde Sandbank)** ganz im Südosten, sie darf nicht betreten werden. Die Ronde Plate wird vom Südstrand aus auf einem sandigen Weg am Rande passiert (Wanderung Nr. 1

führt hier vorbei, s. S. 72), sie darf aber nicht betreten werden.

Eine weitere Salzwiese liegt hinter der **Aussichtsdüne Steerenklippdüne** 22, hier führt Wanderung Nr. 4 von Hooge Hörn aus hindurch (s. S. 78).

## Deiche

Deiche sind an der Küste wichtig, das steht außer Frage. „Wer nicht will deichen, der muss weichen“, hieß es früher, und das war bitter ernst gemeint. Wer seiner **Deichpflicht** nicht nachkam, wurde enteignet. Wie schon in der Novelle „Der Schimmelreiter“ von Theodor Storm sehr eindringlich beschrieben, wacht auch heute ein **Deichgraf** über die Deiche. Er kontrolliert sie regelmäßig und repariert kleine Löcher sofort. Heute übernimmt zwar der Staat einen Großteil des Küstenschutzes, trotzdem werden Anrainer immer noch in die Pflicht genommen. Sie zahlen heute Mitgliedsbeiträge an den **Deich- und Sielverband,** der die Deiche instand hält.

Seit etwa dem 11. Jh. wird Deichbau betrieben, zuerst noch einfach, später äußerst verfeinert. Heute fallen Deiche zur Wasserseite sehr flach ab, das war zu Zeiten von Storms „Schimmelreiter“ noch ganz anders. Damals waren es einfache Wände aus Holzbohlen, die auf der Rückseite mit Klei geschützt waren. **Deichbau** war knüppelharte Handarbeit, schwerer Kleiboden musste transportiert und an der Holzwand festgestampft werden. Heute verrichten diese Arbeiten Bagger. Sie legen zunächst einen Sandkern an. Darauf wird eine dicke Schicht Kleiboden gelegt, die an der Außenböschung sacht zum Wasser hin abfällt. Zum Schluss folgt eine Rasendecke, die später von Schafen kurzgefressen und gleichzeitig festgetrampelt wird. In der Stadt Borkum wurde am Hauptstrand ein Teil der Deiche mit Steinen und Asphalt befestigt, was zwar nicht unbedingt schön aussieht, aber einen deutlich besseren Schutz bietet.

Wenn „normale“ Hochwasser auftreten, rollen die Wellen an der langen Böschung ab, die früheren Deiche wurden oftmals von starken Wogen zerschlagen. **Deichbrüche** treten heute vor allem auf, wenn die Flut über die Deichkrone schwappt. Dann wird der Deich aufgeweicht und irgendwann bricht er.

Auf Borkum gibt es neben dem **Deich am Hauptstrand** (s. S. 64) noch zwei Deiche. Der **Alte Deich** entstand 1620, er führt von der Reedestraße/Ecke Deichstraße leicht geschwungen mitten durch die Insel bis zur Barbarastraße. In vielen Plänen ist er auch als **„Upholm-Deich“** eingezeichnet, da er die Binnenwiesen am Upholmland schützt. Die Biegungen im Deich entstanden nach Deichbrüchen bei Sturmfluten. Durch den gebrochenen Deich floss viel Wasser und bildete ein Wasserloch, das auch nach Abflauen des Sturms nicht abfloss. Als der Deich dann repariert wurde, musste man ihn um das neu entstandene Wasserloch herumführen. Diese Wasserstellen sind bei einem Spaziergang auf dem Deich teilweise noch zu erkennen.

Der **Hauptdeich** auf Borkum ist der **Neue Seedeich** an der Wattseite. Er wurde 1974 bis 1977 gebaut, nachdem frühere Deiche bei schweren Sturmfluten brachen und das Hinterland, wozu auch der Flugplatz zählt, unter Wasser stand. Das Material für den Deichbau entnahm man dem Boden direkt hinter dem Deich. Die ausgehobene Stelle füllte sich später allmählich mit Wasser, sodass ein klei-

MEIN TIPP

### Flutmarker am Deich

Direkt am Deichanfang an der Reedestraße befindet sich die Bushaltestelle „Neuer Deich". Dort steht eine **Deichstöpe,** ein Tor, das bei Sturmflut verschlossen wird. An der Außenseite befindet sich ein Mosaik mit den Pegelständen früherer Sturmfluten und dem Mahnspruch im Borkumer Platt: *Well nei will dieken de mutt wieken* (Wer nicht will deichen, der muss weichen).

ner See entstand, der **Tüskendörsee.** Dieser ist durch ein Siel mit dem Wattenmeer verbunden. Hier brüten viele Vögel, das Areal ist heute ein Vogelschutzgebiet. Vom Deich aus kann man von einem Aussichtspunkt auf den See und die Vögel schauen. Der Neue Seedeich verläuft von der Reedestraße entlang der Wattseite bis zur Aussichtsdüne Sterenklippdüne, unsere Wanderung Nr. 5 (s. S. 80) führt hier entlang.

## Wattenmeer

Watt wird der Meeresboden entlang der Nordseeküste genannt, der zweimal in 24 Stunden trocken fällt und ebenso regelmäßig zweimal für knapp sechs Stunden von Wasser bedeckt ist. Das Wattenmeer erstreckt sich über eine ungefähre **Länge von 500 km** und zieht sich vom niederländischen Den Helder bis hoch zur dänischen Stadt Esbjerg. Es erreicht in seiner Breite auch die davor gelagerten Inseln und gilt als das **größte zusammenhängende Wattgebiet weltweit.**

Das Watt entstand nach dem Abschmelzen der Gletscher und des meterdicken Eises nach der letzten Eiszeit. Das Wasser stieg dadurch deutlich an, die Küstenlinie bildete sich als sehr flaches Ufer heraus und der Tidenhub durch Ebbe und Flut überspülte das Land regelmäßig. Sand und Schlick wurden angespült und lagerten sich dauerhaft auf dem Boden ab. Hier bildeten sich im Lauf der Zeit einzigartige Lebensformen heraus, die ausgezeichnet mit den speziellen Bedingungen klarkommen. Es entstand eine große **Artenvielfalt,** regelrechte Spezialisten für das Überleben, teils im Wasser, teils auf dem Trockenen, entwickelten sich, und damit auch sehr komplexe Lebensstrategien. Hiervon kann jeder Wattführer sehr lebhaft berichten, weswegen jedem Urlauber angeraten sei, einmal an einer **Wattführung** (s. S. 86) teilzunehmen.

Der **Tidenhub** wird vor allem durch **Priele** kanalisiert, was zugleich auch eine Gefahr für unkundige Wattwanderer darstellt. Was bei Ebbe ein Priel mit vielleicht knietiefem Wasserstand ist, verwandelt sich bei auflaufendem Wasser in einen mannshohen Wasserlauf mit starker Strömung. Genau diese unterschätzte Gefahr hat schon vielfach zu kritischen Situationen geführt, deshalb sollte man einen Spaziergang nur mit einem erfahrenen Wattführer, der die Wege kennt, unternehmen.

Das Watt selbst zeigt unterschiedliche Gesichter. Relativ küstennah findet man eher Schlickwatt, weiter

*Das wenig einladend aussehende Schlickwatt ist ein hochkomplexer Lebensraum*

draußen dann Misch- und Sandwatt. **Schlickwatt** ist wasserhaltig, man kann hier nicht so gut gehen und sinkt oft ein. **Mischwatt** ist feucht, man kann ganz gut darauf gehen und findet häufig die so markanten Häufchen der Wattwürmer.

**Sandwatt** ist sandiger, trockener Boden, der von einer typischen gerippten Struktur durchzogen wird.

Das Wattenmeer erscheint auf den ersten, oberflächlichen Blick vielleicht wie eine graue Schlickwüste, ein Nichts aus Wasserresten, Schlamm und Muscheln. Dies trifft aber nicht zu, denn das Watt ist **Lebensraum** für ungefähr **10.000 Tiere und Pflanzen.**

Der blauschwarze Boden wird durch Ebbe und Flut ständig mit **Mikroorganismen** angereichert, von denen sich Wattwürmer, Muscheln und Krebse ernähren. Das wiederum lockt **Wattvögel** an, die Beute pickend herumstolzieren. In einem Quadratmeter Watt können bis zu 50 Wattwürmer, 2000 Herzmuscheln oder gar 100.000 Wattschnecken leben – fast unvorstellbar! In Anlehnung an den gerne bei Safaris durch die afrikanische Tierwelt entwickelten Begriff der „Big Five", die man dort möglichst gesehen haben sollte (Elefant, Löwe, Nashorn, Büffel, Leopard), spricht man im Wattenmeer von den **„Small Five"** und meint Wattwurm, Herzmuschel, Strandkrabbe, Wattschnecke und Nordseegarnele. Auffällig sind die vielen kleinen Häufchen im Wattboden. Es handelt sich um Kothäufchen, die sich dort befinden, wo ein **Wattwurm** (Pierwurm) einen Gang gegraben hat.

Ebenfalls unterirdisch leben **Sandklaffmuschel, Plattmuschel, Schlickkrebs** und **Pfeffermuschel.** Auffällig ist auch der **Bäumchenröhrenwurm,** dessen kunstvoll zusammengeklebte Röhre ein Stückchen aus dem Boden schaut. Durch sie saugt er Wasser

061bo-mux

an und nimmt Nahrungspartikel auf bzw. stößt sie wieder aus. Andere Tiere, hauptsächlich **Schnecken, Krebse** und einige **Muschelarten**, leben oberirdisch, sie entwickelten im Laufe der Zeit einen harten Panzer gegen das Austrocknen und als Schutz gegen Vögel. **Miesmuscheln** dagegen leben nicht eingegraben, sondern schließen sich oberirdisch zu großen Gruppen zusammen, sodass **Muschelbänke** entstehen. Schon am Strand sind sie häufig zu finden. Im Watt leben sie knapp unter der Oberfläche des Bodens. Sie filtern durch ein Röhrchen Plankton aus dem Wasser, durch ein zweites Röhrchen wird das Wasser wieder ausgestoßen. Wattführer zeigen gerne einen Trick, den sie den Möwen abgeschaut haben: Die Vögel trampeln auf dem weichen Wattboden herum, dadurch kommen die Muscheln an die Oberfläche und sind eine sichere Beute. Die **Sandklaffmuschel** lebt im Wattboden in einer Tiefe von 15 bis 25 cm. Auch sie filtert durch ein Röhrchen Wasser in ihren Körper hinein und durch ein zweites Röhrchen wieder hinaus. Ähnlich leben die **Pfeffermuschel** und die **Plattmuschel**, beide in etwa 7 bis 12 cm Tiefe. Weiterhin leben hier **Fische**, und viele **Vögel** beziehen ihre Nahrung aus dem Wattboden, darunter viele Zugvögel, die sich ihre Reserven für den Flug in den Süden hier anfuttern.

Die **Vogelwelt** kennt Gastvögel und Dauergäste. Tausende von Zugvögeln kommen im Frühjahr und Herbst und futtern sich auf Borkum durch. Von den Dauergästen zählt der **Austernfischer** vielleicht zu den bekannteren. Er ist recht auffällig und an seinem roten, etwas gebogenen Schnabel erkennbar. Auch die **Möwen** gehören zur Nordsee. Ihr Gefieder glänzt hell, leicht silbrig bis grau, markant ist auch ihr kräftiger Schnabel. Vor allem die Silbermöwe kann eine erstaunliche Spannweite erreichen: immerhin bis zu 1, 40 m. Sie ist am häufigsten an der Küste anzutreffen. Auch die Lachmöwe mit ihrem im Sommer dunkelbraunen Kopf begleitet, ihre heiseren Schreie ausstoßend, häufig die Schiffe. Elegant segeln die Möwen heran, hocken sich ungeniert auf Strandkörbe und Buhnen und sind alles andere als scheu. Leider hat das ständige Anfüttern durch Menschen auch dazu geführt, dass sie Menschen ziemlich dreist Waffeln, Eis oder sonstige Lebensmittel aus den Händen reißen. Deshalb ergehen auch jedes Jahr eindringliche Appelle, die Möwen nicht zu füttern.

An der Küste ist auch die **Küstenseeschwalbe** beheimatet, sie hat einen markanten roten Schnabel. Farbenfroh zeigen sich die **Brandgänse** mit einem grünen Kopf mit rotem Schnabel und schwarz-weißem Gefieder. Den **Sandregenpfeifer** erkennt man gut an einem schwarzen, geschlossenen Band am Hals. Der **Säbelschnäbler** hat ein schwarz-weißes Gefieder und blaugraue Füße sowie einen langen, nach oben gebogenen Schnabel. Der **Große Brachvogel** erreicht die Größe einer Lachmöwe und gilt damit als größter Vogel des Wattenmeeres. Er hat einen langen, nach unten gebogenen Schnabel.

Der wohl berühmteste Bewohner des Wattenmeeres ist der **Seehund.** Seehunde ziehen sich zum Gebären und Säugen auf Sandbänke zurück. Die Tiere auf den Sandbänken wollen und sollen ihre Ruhe haben, sie sind schon genügend Stressfaktoren ausgesetzt. Seehunde werden meist im Juni oder Juli geboren und wiegen 7 bis 10 kg. Wenn kurz nach der Geburt die Flut die Sandbank wieder überspült, müssen sie sofort ihre ersten Schwimmversuche starten. Die Jungtiere wachsen schnell, schon nach wenigen Wochen kann sich ihr Gewicht verdreifacht haben. Es gibt eine **Seehundbank** relativ nahe dem Ort an der Spitze der Sandbank „Hohes Riff" beim Nordstrand (s. S. 65).

Seehunde werden im Schnitt 12 Jahre alt und bis zu 1,80 m groß. Sie wiegen bis zu 120 kg, halten sich küstennah auf und fliehen bei Störung ins Wasser. **Männliche Kegelrobben** können stolze 2,20 m groß werden und bringen ein Gewicht von bis zu 330 kg auf die Waage, die Weibchen etwa die Hälfte. Damit gehören sie zu den größeren Tieren der Nordsee. Der Name leitet sich von ihren kegelförmigen Zähnen ab. Die Jungen kommen auch auf einer Sandbank zur Welt, erstaunlicherweise im kalten Winter. Jungtiere wiegen etwa 10 bis 12 kg.

Gelegentlich stößt man als Spaziergänger auf ein Schild mit der Aufschrift „Achtung! Rastende Robbe". Damit wird noch einmal gebeten, mindestens 200 m Abstand zu halten und es wird auf Folgendes hingewiesen: „Die Robbe ist den zuständigen Stellen bereits bekannt", man muss also nicht erneut anrufen. Wanderung 5 führt teilweise am Wattenmeer entlang (s. S. 80).

## Nationalpark Niedersächsisches Wattenmeer

Der Nationalpark Niedersächsisches Wattenmeer wurde 1986 ausgewiesen und bildet mit den Nationalparks Wattenmeer von Hamburg und Schleswig-Holstein ein großflächiges Schutzgebiet. Der niedersächsische Teil hat nach mehreren Erweiterungen nun eine Fläche von 345.000 ha und verläuft von Cuxhaven (Anschlusszone Hamburg) bis zur Mündung der Ems knapp westlich von Borkum. Das niedersächsische Gebiet ist der **zweitgrößte Nationalpark Deutschlands**, nur der Nationalpark Wattenmeer von Schleswig-Holstein ist mit 441.500 ha noch größer. 1993 wurde der Nationalpark von der UNESCO als **Biosphärenreservat** anerkannt. 2009 dann wurde das Wattenmeer sogar von der UNESCO zum **Weltnaturerbe** erklärt. Es umfasst die drei deutschen Nationalparks, den geschützten niederländischen Teil des Wattenmeeres und seit 2014 auch den dänischen Nationalpark Vadehavet, was insgesamt einer Fläche von 1.150.000 ha entspricht. Zum Gebiet zählen das Watt, Teile des Meeres, die Salzwiesen und Strände und auch Teile der Inseln.

Auf Borkum hatte man schon Mitte des 19. Jahrhunderts versucht, **Vögel** zu schützen und das beständige Entnehmen der Eier zu unterbinden, aber nur mit mäßigem Erfolg. Deswegen wurde schließlich sogar eigens ein Vogelwärter für das Ostland angestellt. Ein gutes Jahrhundert später begann man, einzelne Gebiete der Insel unter Naturschutz zu stellen. Es begann 1950 mit dem Wäldchen Greune Stee (s. S. 103), 1961 kamen die Waterdelle (s. S. 104) und das Muschelfeld dazu und noch später die Zone um den Tüskendörsee (s. S. 106). All diese lokalen Schutzzonen gingen schließlich im Jahr 1986 im Nationalpark auf.

Die Insel Borkum ist Teil des Nationalparks, das Gebiet der Insel ist in drei unterschiedliche Schutzzonen unterteilt. Die höchste Schutzzone ist die **Ruhezone (Schutzzone I)**, die nur auf markierten Wegen oder teilweise

## Schwere Sturmfluten an der Nordseeküste

- **1164:** 16.2., Julianenflut. Man spricht von 20.000 Opfern.
- **1219:** 16.1., Marcellusflut, 36.000 Tote
- **1287:** Luciaflut am 14.12., angeblich 50.000 Ertrunkene
- **1362:** Marcellusflut oder auch „Grote Mandränke" genannt. Die Insel Rungholt geht unter, angeblich 100.000 Tote.
- **Drei weitere Sturmfluten im 14. Jh.** gelten als nicht restlos gesichert, aber ziemlich wahrscheinlich: 1313, 1341, 1380.
- **1436:** Am 1.11. fegt ein Orkan über die Küste, genannt die „Allerheiligenflut", auf Sylt versinkt Eidum in den Fluten.
- **1483:** zwei Sturmfluten
- **1532:** Am 2.1. fordert die „Große Flut" allein auf Nordstrand 1600 Menschenleben, zwei Orte gehen in Ostfriesland unter.
- **1570:** Allerheiligenflut mit mehreren Tausend Opfern
- **1634:** Zweite Grote Mandränke, schlimmste Sturmflut bisher, die Insel Strand wird in mehrere Teile zerrissen, rund 10.000 Tote.
- **1651:** Petriflut mit zehntausend Opfern, Juist wird in zwei Teile gerissen.
- **1715:** Die Kirche von Juist wird zerstört.
- **1717:** Die Weihnachtsflut fordert 12.000 Menschenleben, die Bevöl-

### Windstärken

| Beaufort | km/h | Wind und Zustand der See |
|---|---|---|
| 0 | 0–1 | Still, es herrscht Windstille, das Meer ist glatt. |
| 1 | 2–5 | Leiser Luftzug, leichte Kräuselung der See |
| 2 | 6–11 | Leichte Brise, leichter Wind spürbar |
| 3 | 12–19 | Schwache Brise, vereinzelte Schaumköpfe auf dem Meer, Fahnen stehen im Wind gestreckt. |
| 4 | 20–28 | Mäßige Brise, vermehrt Schaumköpfe auf dem Meer |
| 5 | 29–38 | Frische Brise, überall Schaumköpfe auf dem Meer |
| 6 | 39–49 | Starker Wind, große Wellen entstehen, etwas Gischt wird gebildet. |
| 7 | 50–61 | Steifer Wind, Wellen türmen sich, weißer Schaum in Windrichtung, ganze Bäume schwanken. |
| 8 | 62–74 | Stürmischer Wind, relativ hohe Wellenberge, gegen den Wind zu gehen fällt schwer. |
| 9 | 75–88 | Sturm, hohe Wellenberge entstehen, Dachziegel können weggeweht werden. |
| 10 | 89–102 | Schwerer Sturm, sehr hohe Wellenberge, weißer Schaum auf dem Meer, Bäume können entwurzelt werden. |
| 11 | 103–117 | Orkanartiger Sturm, sehr hohe Wellenberge |
| 12 | 118 + | Orkan, das Meer ist vollkommen weiß, die Luft ist mit Gischt durchsetzt. |

kerung von Langeoog muss die Insel wegen der großen Zerstörungen verlassen.

- **1825:** Große Sturmflut mit 800 Toten und sehr schweren Schäden
- **1855:** Neujahrsflut, die große Zerstörungen auf den Ostfriesischen Inseln verursacht
- **1906:** höchste Flutmarke bislang an der ostfriesischen Küste mit 5,35 m
- **1962:** Am 17. 2. steigt das Wasser so hoch, dass weite Teile Hamburgs überflutet werden, etwa 300 Tote im Hamburger Raum.
- **1976:** Große Flut mit dem höchsten Pegel, der je gemessen wurde, 6,45 m über NN
- **1981:** Schwere Sturmflut, der Pegelstand liegt über dem von 1962, aber die Schäden sind geringer, vor allem die Opferzahlen.
- **1990:** Allein im Februar ziehen fünf Stürme übers Land.
- **1994:** Große Flut, der Pegel übersteigt die 6-Meter-Marke.
- **1999:** Zwei große Fluten, einmal im Februar, dann wieder im Herbst, setzen der Küste zu, der Pegel bleibt knapp unter 6 m.
- **2006:** Schwere Sturmflut im November (Allerheiligenflut), Dünenabbrüche auf den Ostfriesischen Inseln.
- **2007:** Im November fegt Orkan „Tilo“ über die Nordsee, sehr schwere Sturmflut, Pegelstand: 5,42 m über NN, fast die Höhe der schweren Flutkatastrophe aus dem Jahr 1962.
- **2013:** Orkan „Xaver“ trifft auf die gesamte Nordseeküste, es kommt zu einer sehr schweren Sturmflut mit Sandverlusten auf Sylt und den Ostfriesischen Inseln, Pegelstand 6,09 m.

gar nicht betreten werden darf. Dazu zählen die Hooge Hörn, die Ronde Plate, die Greune Stee, die Seehundbank Hohes Riff und das Gebiet um den Tüskendörsee.

Die **Schutzzone II** ist die Zwischenzone. Hier ist das Betreten grundsätzlich erlaubt, aber nicht während der Brutzeit (1.4.–31.7.). Dazu zählen alle **Dünenzonen** sowie das zentral gelegene Wiesengelände Hopp.

Die **Schutzzone III** darf betreten werden, da sie zur Erholung dient, aber motorbetriebene Geräte sind hier verboten. Hierzu zählen die Strände Nordbad (s. S. 64) und Südbad (s. S. 67).

Die Stadt Borkum zählt nicht zum Gebiet des Nationalparks.

### Fakten zum Nationalpark Niedersächsisches Wattenmeer

- Der Nationalpark umfasst **54,5 % Wasserfläche, 40 % Watt und 5,5 % Inseln und Festland.**
- Der Anteil der Ruhezone (Schutzzone I) umfasst 68 %, der Zwischenzone 31 %, der Erholungszone 0,49 %.
- Der Nationalpark verläuft über eine **Länge von 260 km entlang der niedersächsischen Küste.**
- **Hunde** müssen innerhalb des Nationalparks immer angeleint sein.
- Wege durch den Nationalpark sind farblich gekennzeichnet, **rote Wege sind Reitwege, grüne Wanderwege.**
- Für **Kitesurfer** auf dem Wasser gibt es Flächen in der Zwischenzone, sie sind mit Bojen gekennzeichnet.
- **Drohnen sind grundsätzlich verboten.**
- Informationen zum Nationalpark Niedersächsisches Wattenmeer liefert das **Feuerschiff Borkumriff** (19). Dort können auch Führungen vereinbart werden, im Bauch des Schiffes ist zudem eine interessante Ausstellung zur Natur auf Borkum eingerichtet.

# Von den Anfängen bis zur Gegenwart

Die **Ostfriesischen Inseln entstehen vor ca. 2000 Jahren,** es sind zunächst unbewohnte Sande und keine Abspaltungen des Festlands, was sie von den Nordfriesischen Inseln (u. a. Amrum, Föhr, Sylt) unterscheidet.

Erste geschichtliche Funde bleiben bis heute vage. Bereits vor knapp 2000 Jahren erwähnt der griechische Geograf Strabon (63 v. Chr.–28 n. Chr.), der in römischen Diensten stand, eine Insel namens „Byrchandis“, die das römische Heer unter Drusus Germanicus besetzte. Es ist bis heute unklar, ob damit die frühere Großinsel Bant gemeint ist, die später in mehreren Sturmfluten zerschlagen wird und in kleineren Inseln aufgeht.

062bo-mux

Auch der römische Gelehrte Plinius der Ältere (23–79 n. Chr.) beschreibt die Menschen und Stämme an der Nordsee, als er römische Truppen auf einem Feldzug begleitet. So erwähnt Plinius eine Insel mit dem Namen „Burchana fabaria“ (Bohneninsel) in seinem Werk „Naturalis historia“ (Naturgeschichte) im 16. Buch, Kapitel 1. Ob mit dem Insel-Namen die Form der Insel gemeint ist oder die Art der Bepflanzung, bleibt ebenfalls unklar.

- **1227** ankern Kreuzfahrerschiffe vor den Inseln, die sich zum fünften Kreuzzug sammeln, es gibt keine Aufzeichnungen, ob die Inseln bewohnt sind.
- **14. Jh.:** Wahrscheinlich wird Borkum durch eine schlimme Sturmflut in Ostland 21 und Westland zweigeteilt, getrennt durch einen Priel, genannt „Tüskendör“, der noch heute existiert, wenn auch in stark abgeschwächter Form. Der Wasserlauf verengt sich im Lauf der Jahrhunderte und durch Schaffung eines künstlichen Damms wird diese Lücke um 1864 geschlossen.
- **11. September 1398:** erste urkundliche Erwähnung von Borkum in einem Vertrag mit der Hanse
- **Ende des 14. Jh.:** Ostfriesische Häuptlinge herrschen auch über Borkum.
- **Ab 1464:** Borkum gehört dem Grafen von Ostfriesland, dem auch Teile der angespülten Strandgüter zustehen.
- **1554:** Beginn der Reformation auf der Insel
- **1744:** Ostfriesland, und damit auch Borkum, fällt an das Königreich Preußen.
- **1776:** Borkum hat 852 Einwohner.

*Grabsteine auf dem kleinen Friedhof (s. S. 24) zeugen von Borkums großer Walfängerzeit im 18. Jahrhundert*

063bo-mux

*Im 19. Jahrhundert kam der Tourismus nach Borkum. Damals benötigte man noch Badekarren zum Umkleiden.*

- **Ab dem 18. Jh.** gehen viele Borkumer in den Gewässern vor Grönland auf Walfang, meist auf holländischen Schiffen (s. S. 20).
- **1776** zählt Borkum 852 Einwohner.
- **1780–1784:** Der Englisch-Niederländische Seekrieg beeinträchtigt den Walfang. 1782 geraten alle Borkumer Grönlandfahrer in britische Gefangenschaft. Sie kehren erst nach einem Jahr ohne ihre Schiffe zurück, was einen schweren wirtschaftlichen Schaden bedeutet.
- **1807–1810** ist Borkum nach dem Friedensvertrag von Tilsit Teil des Königreiches Holland.
- **1810–1813** ist Borkum von Franzosen besetzt, 1813 fällt es an Preußen zurück. Als letztes Überbleibsel aus dieser Phase gilt die sogenannte Franzosenschanze 11.
- **1815** fällt Borkum an das Königreich Hannover.
- **1811** hat Borkum 406 Einwohner, ein historischer Tiefststand.
- **1821:** Borkum hat 485 Einwohner.
- **Anfang des 19. Jh.:** Auf der Nachbarinsel Norderney beginnt der Badetourismus, erste Feriengäste kommen im Sommer. Borkum zieht 1834 nach, in diesem Jahr kommen die ersten Badegäste auf die Insel.
- **1843:** Eine regelmäßige Fährverbindung ab Emden wird eingerichtet und ersetzt die bisherige eher sporadische Verbindung mit Greetsiel.
- **1844:** Ein erster Verkehrsverein wird gegründet, der sich um die Badegäste kümmert und Badeeinrichtungen schafft.
- **Um 1850:** Die Eisenbahn erreicht Emden, die Sommergäste gelangen nun deutlich bequemer nach Borkum. Im selben Jahr kommen nur 250 Gäste, 1857 sind es 600 und 1865 bereits 1024.
- **1866:** Ostfriesland und damit auch Borkum fällt an Preußen.
- **1888:** Die Borkumer Kleinbahn nimmt ihren Betrieb auf und verbindet den Hafen mit dem Ort, eine weitere Verbesserung der Anreise für die Gäste.
- **1900:** Einrichtung der weltweit ersten Küstenfunkstelle durch die Reichspost auf Borkum (s. S. 33). Im gleichen

Jahr machen genau 16.474 Gäste auf Borkum Urlaub.

- **1902:** Kaiser Wilhelm II. erklärt Borkum zur Seefestung und lässt Bunker und Geschützstellungen bauen, obendrein werden weitere Bahngleise verlegt.
- **1905:** Borkum zählt 2258 Einwohner.
- **1932:** Borkum wird verwaltungstechnisch dem Landkreis Leer zugesprochen, was noch heute gilt und weswegen noch heute die Autokennzeichen der Insel das KFZ-Kennzeichen LER für Leer tragen. Borkum ist die einzige Insel dieses Landkreises.
- **1934:** Zwei Raketen, die **Wernher von Braun** entwickelte, werden von Borkum aus getestet, sie sind die Vorläufer der späteren V2-Raketen, die während des Zweiten Weltkriegs in Peenemünde entwickelt werden. Wernher von Braun wird nach dem Krieg einer der führenden Köpfe bei der Entwicklung des NASA-Weltraumprogramms, das in der ersten bemannten Mondlandung 1969 mündet. Im Heimatmuseum 9 wird ausführlich auf den Raketentest eingegangen.
- **1944:** Auf der Insel werden sieben notgelandete US-amerikanische Soldaten gefangen genommen und wenig später von deutschen Soldaten ermordet. 1946 werden 15 beteiligte Personen wegen dieser Tat vor Gericht angeklagt und verurteilt, es kommt sogar zu Todesurteilen. Seit 2003 steht am Platz mit dem Emmich-Denkmal 20 ein zusätzlicher Gedenkstein zur Erinnerung an dieses grausame Ereignis. Im Heimatmuseum 9 wird diese Tat ebenfalls thematisiert.
- **1946:** Borkum wurde im Krieg kaum zerstört und kann viele Flüchtlinge aus den Ostgebieten aufnehmen. Die Einwohnerzahl beträgt 6120, davon sind 1093 Flüchtlinge. Dadurch verändert sich auch die Verteilung der Konfessionszugehörigkeit, da viele Katholiken unter den Flüchtlingen sind.
- **1947:** Rückkehr der ersten Badegäste
- **1950:** Borkum zählt 6215 Einwohner, darunter 1404 Flüchtlinge, im gleichen Jahr erhält Borkum das Stadtrecht.
- **1958:** Borkum wird Standort der Marine, ein neuer Stützpunkt entsteht, die Marine bleibt bis 1996.
- **1970:** Die Einwohnerzahl wird mit 6051 angegeben.
- **1975:** Die Einwohnerzahl erreicht 8495, ein Höchststand für die Insel.
- **1980:** Borkum hat 8185 Einwohner, in den nächsten Jahren fällt die offizielle Einwohnerzahl deutlich, was aber auf die unterschiedliche Zählweise bei Zweitwohnungsbesitzern zurückzuführen ist.
- **2005:** Das neu gestaltete Gezeitenland (s. S. 83) wird eingeweiht. Borkum bekommt im gleichen Jahr erstmals eine hauptamtliche Bürgermeisterin.
- **2009:** Der Nationalpark Niedersächsisches Wattenmeer (s. S. 109), in dem Borkum liegt, wird zum UNESCO-Welterbe erklärt.
- **2012:** Das Inselradio IRaBo (s. S. 122) geht auf Sendung.
- **2018:** Borkum wird von 304.000 Gästen besucht und verbucht insgesamt 2,5 Mio. Übernachtungen. Im Durchschnitt verbleiben die Gäste 8,23 Tage auf der insel. Was die Besucherzahlen angeht, steht Borkum damit unter den Ostfriesischen Inseln nach Norderney an zweiter Stelle.
- **2020/2021:** Die Coronapandemie führt auch in Borkum dazu, dass die Besucherzahlen deutlich sinken.
- **2021:** Bei der Kommunalwahl erhält „Borkums freie Liste" die meisten Wählerstimmen (36,31 %), während SPD und CDU deutlich verlieren und die Grünen ihr früheres Ergebnis knapp halten können.
- **2023:** Der Tourismustag Niedersachsen findet auf Borkum statt. Die Besucherzahlen auf der Insel erreichen fast wieder Vor-Corona-Niveau.

# PRAKTISCHE REISETIPPS

064bo-mux

# Anreise

Die meisten Urlauber reisen mit dem Schiff nach Borkum, entweder von Emden oder vom niederländischen Fährhafen Eemshaven aus. Von **Emden** verkehren ein schneller **Katamaran** (ohne Autotransport), der für die Überfahrt ca. 60 Minuten benötigt, und eine **Autofähre**, deren Überfahrt etwa 2 Stunden und 15 Minuten dauert.

Von **Eemshaven** dauert die Überfahrt mit der **Fähre** etwa 50 Minuten, die Fahrt mit dem hier selten verkehrenden Katamaran ca. 25 Minuten.

Auf Borkum angekommen, wartet direkt am Fähranleger die **Borkumer Kleinbahn**, die die Gäste in ca. 25 Minuten ins sieben Kilometer entfernte Inselstädtchen bringt, diese Fahrt ist im Fährticket eingeschlossen.

In der Hochsaison finden bis zu sechs Fahrten pro Tag von Emden aus statt, im Winter dagegen nur zwei bis drei. Von Eemshaven aus sind es bis zu vier, am Samstag sogar sieben Fahrten, im Winter dagegen nur eine pro Tag.

- Tarife für die Fähren **Emden–Borkum,** Kinder (4–11 Jahre) jeweils die Hälfte: Rückfahrkarte: 50 €, einfache Fahrt: 26 €, Katamaran-Zuschlag (einfache Fahrt): 14 €, Hund: 16 €, Fahrrad: 14 €, Motorräder: 75 € (bis 124,9 ccm) bzw. 88 € (ab 125 ccm, jeweils hin und zurück inkl. Fahrer), PKW-Tarife schwanken je nach Länge und Höhe des Wagens und reichen von 149,90 € bis 270,60 € (jeweils Hin- und Rückfahrt, inkl. Fahrer), PKWs über 2,5 t Preis je nach Gewichtsklasse.
- Tarife für die Fähre **Eemshaven–Borkum,** Kinder (4–11 Jahre) jeweils die Hälfte: Rückfahrkarte: 45 €, einfache Fahrt: 24 €, Katamaran-Zuschlag (einfache Fahrt) 7 €, Hund: 3,50 €, Fahrrad: 12,75 €, Motorräder: 67,70 € (bis 124,9 ccm) bzw. 74,40 € (ab 125 ccm, jeweils hin und zurück), PKW-Tarife schwanken je nach Länge und Höhe des Wagens und reichen von 133,60 € bis 240,80 € (jeweils Hin- und Rückfahrt, inkl. Fahrer).
- **Infos:** www.ag-ems.de, Tel. 01805 180182

*Vorseite: Eingang zu einer gemütlichen Unterkunft*

## Auto

Urlauber, die ihr Auto mit auf die Insel nehmen wollen, sollten **rechtzeitig einen Platz auf der Fähre reservieren.** Das kann telefonisch über das Service Center geschehen (Tel. 01805180182). Erfragt werden Fahrzeugdaten wie Länge, Höhe, Gesamtgewicht. Die Buchung kann auch über www.ag-ems.de erfolgen.

Die Anreise erfolgt über die A28 und A 31 nach **Emden**, von wo man weiter der Beschilderung „Borkum/ Häfen West" folgt (Adresse für das Navigationsgerät: Zum Borkumanleger 6, 26723 Borkum).

Wer sein Auto nicht mit auf die Insel nehmen möchte, kann den Wagen auf dem Parkplatz „Insel-P-Borkum" (Adresse für das Navigationsgerät: Nesserlander Straße 131, 26723 Emden) ganz in der Nähe vom Fährterminal abstellen. Tarif: 6 € pro Tag.

Auch in **Eemshaven** gibt es einen großen Parkplatz für Gäste, die ihr Auto nicht mit auf die Insel nehmen wollen. Der Weg zum Fährhafen erfolgt über die N33 (ab Eemshaven der Beschilderung „Ro-Ro Ferry Eemshaven Borkum" folgen, Adresse für das Navigationsgerät: Borkum-

065bo-mux

kade 1, 9979 XX Eemshaven). Die Parkgebühren betragen pro angefangenem Tag 6 € (Parkplatz) bzw. 7 € (Halle).

## Bahn

Bahnfahrer können mit dem Zug direkt bis zum Fährhafen in Emden fahren, der **Bahnhof Emden-Außenhafen** steht genau gegenüber dem Abfertigungsgebäude der Fähre. Die Fahrkarte kann bereits direkt bis Borkum ausgestellt werden, dann sind sowohl die Fähre als auch die Borkumer Kleinbahn im Preis enthalten und man kann direkt an Bord gehen. Allerdings gilt dies nicht für den Katamaran, für dessen Benutzung ist ein Zuschlag fällig, der vor Betreten des Schiffs am Schalter gekauft werden muss. Wer ein Bahnticket nur bis Borkum Außenhafen hat, löst das Fährticket im Terminal-Gebäude ebenfalls am Schalter. In der Regel ist für Einzelpersonen ohne Fahrzeug für die Fähre keine Reservierung nötig.

Für die **Rückfahrt** kauft man auf Borkum das Fährticket im Gebäude des Bahnhofs, dort gibt es auch DB-Tickets am Schalter oder am Automaten draußen vor dem Gebäude.

**Gepäck** kann am Fährterminal abgegeben werden (muss es aber nicht) und wird dann bis zur Unterkunft auf Borkum transportiert oder bis zum Bahnhof Borkum. Ein ähnliches Angebot kann für die Rückreise gebucht werden (bis Borkum Bahnhof: 9 € pro Gepäckstück, bis zur Unterkunft: 14 € für jedes Gepäckstück).

Für die Rückfahrt gilt: Die Abfahrtszeiten für Katamaran und Fähre gelten immer ab Borkum Bahnhof und schließen die Fahrt mit der Inselbahn ein. Wer beispielsweise für den Kata-

*Der Fähranleger in Emden liegt direkt neben dem Bahnhof Emden-Außenhafen*

maran um 10.10 Uhr ein Ticket gekauft hat, nimmt um 10.10 Uhr die Inselbahn vom Bahnhof, die Fähre legt ca. 25 Minuten später ab.

### Flugzeug

Regelmäßige **Flüge zwischen Emden und Borkum** bietet die Gesellschaft OFD (Ostfriesischer Flugdienst) an, der Flug dauert ca. 15 Minuten. Im Sommer gibt es drei bis vier Flüge je Richtung täglich. Ein einfacher Flug kostet 129 €, Kinder bis 2 Jahre 52 €. Der Flughafen in Emden befindet sich in der Gorch-Fock-Straße 103.

› www.fliegofd.de, Tel. 04921 89920

## Die Borkumer Kleinbahn

Die Borkumer Kleinbahn vereint zwei Superlative: Sie ist die älteste Inselbahn und zugleich die einzige zweigleisige Schmalspurbahn Deutschlands. Ihre Geschichte reicht bis ins 19. Jahrhundert zurück. 1879 transportierte eine Pferdebahn Material zu der Baustelle, wo der Neue Leuchtturm 3 gebaut wurde, die damalige Trasse wird noch heute zumindest teilweise von der Inselbahn genutzt.

1888 wurde dann eine Eisenbahn in Betrieb genommen, die vom Hafen bis zum Ortskern führte. Als 1902 Kaiser Wilhelm II. Borkum zur Seefestung erklärte, kamen Soldaten auf die Insel und es entwickelte sich eine rege Bautätigkeit. Bunker wurden in die Dünen gesetzt, Kasernen und andere Militärgebäude errichtet und Geschützstellungen installiert. Das schwere Material musste aber transportiert werden und deswegen erweiterte man das Schienennetz deutlich, Gleisanlagen führten schließlich bis ins Ostland bis zur Batterie Duala in den Steerenklippdünen 22 und entlang der heutigen Promenade 1 zum Nordbad.

Diese Baumaßnahmen wurden ab 1938 noch verstärkt, man baute vom Neuen Hafen aus parallel zum Gleisstrang eine Betonstraße, die heute noch existiert. Ursprünglich war sie aber nur für Militärs freigegeben. Insgesamt 45 Kilometer Gleise wurden in der Hochphase verlegt, die heutige Bahnstrecke vom Hafen bis in den Ortskern misst 7,5 Kilometer.

Nach dem Zweiten Weltkrieg wurden viele Militäranlagen von den Engländern gesprengt, die Gleisanlagen abgebaut, ein Teil wurde auch bei der Sturmflut 1962 schwer beschädigt. Ab 1968 pendelte eine Autofähre zwischen Borkum und dem Festland, weswegen der Güterverkehr auf der Bahn stark zurückging. 1972 dann wurde der Güterbahnhof geschlossen.

Durch den boomenden Tourismus konnte die Kleinbahn immer mehr Urlauber befördern, 1987 waren es etwas mehr als eine halbe Million Gäste. 1992 wurde das neue Bahnhofsgebäude eingeweiht und seit 1993 fahren 18 neue Waggons, alle tragen einen anderen Borkumer Flurnamen.

Seit 2007 fahren die Züge im Sandwich-Verfahren: Vorne und hinten fährt jeweils eine Lok. Dadurch entfällt das umständliche Umkoppeln und Rangieren, was erheblich Zeit spart. Neben dem regulären Betrieb gibt es heute zu bestimmten Terminen auch Fahrten mit historischen Waggons und mit dem Wismarer Schienenbus T1, liebevoll „Schweineschnäuzchen" genannt.

Heute werden inklusive Busverkehr etwa eine Million Gäste pro Jahr befördert.

# Autofahren

Auf Borkum herrscht zwar kein vollständiges Autoverbot wie auf anderen Ostfriesischen Inseln, aber der **Verkehr ist saisonal sehr stark eingeschränkt.** Dazu ist die Insel in blaue und rote Zonen gegliedert, in denen das Autofahren eingeschränkt oder gar gänzlich verboten ist.

Die **rote Zone** umfasst den Innenstadtbereich, hier gilt von Mitte März bis Ende Oktober und vom 26. Dezember bis zum 4. Januar ein ganztägiges Fahrverbot, die genauen Termine können etwas schwanken und sind auf www.borkum.de einsehbar (Menüpunkte: Service, Fortbewegung auf der Insel). Die **blaue Zone** ist sehr viel größer und umfasst große Teile des restlichen Stadtgebietes. Hier gilt von Mitte März bis Ende Oktober ein Fahrverbot von 21 bis 7 Uhr. Über www.borkum.de lässt sich ein detaillierter Zonenplan herunterladen.

Außerhalb dieser gesperrten Zonen bleiben nicht mehr viele Möglichkeiten zum Fahren, sodass man tatsächlich **überlegen sollte, ob sich die Mitnahme eines Fahrzeugs überhaupt lohnt.**

Für die An- und Abreise können zeitlich beschränkte Ausnahmegenehmigungen an den Fahrkartenschaltern der der AG Ems (Fähre) oder der Borkumer Kleinbahn erworben werden.

Es gibt einige größere **Parkplätze,** auf denen der Wagen abgestellt werden kann, u.a. am Langen Wasser, dem Oppermannspad, in der Anker- und in der Upholmstraße. Die letzten drei sind gebührenpflichtig (4 €/Tag, bzw. für Kurzzeitparker 0,50 € pro Stunde, gilt nicht für E-Autos).

# Barrierefreies Reisen

Mobilitätseingeschränkte Gäste müssen nicht auf einen Borkum-Urlaub verzichten. Wer mit seinem eigenen Auto anreist und darauf angewiesen ist, kann eine **Ausnahmegenehmi-**

*Die bunten Züge der Inselbahn bringen die Urlauber von der Fähre in die Stadt*

## Borkum preiswert

- **Kurkonzerte** im Musikpavillon ❶ an der Strandpromenade sind kostenlos. In der Saison von April bis Oktober finden sie dreimal am Tag (außer Mo.) um 11, 16 und 20 Uhr statt. Speziell am Abend, wenn sich die Sonne ins Meer verabschiedet, erlebt man hier bei lauschigen Klängen eine ganz besondere Stimmung.
- **Überregionale Zeitungen** liegen kostenlos in der Kulturinsel (s. S. 96) im Lesesaal aus.
- Ebenfalls in der Kulturinsel befindet sich die **Leihbücherei Arche-Bücherei,** in der etwa 7500 Bücher und andere Medien kostenlos ausgeliehen werden können.
- Alle drei Borkumer **Gemeinden** veranstalten **Konzerte** in ihren jeweiligen Kirchen. Termine sind über die Touristeninformation (s. S. 121), die Aushänge an den Kirchen und in den lokalen Medien zu erfahren.

**gung zum Befahren des Stadtgebietes** über das Rathaus beantragen.

Schon bei der **Anreise auf der Fähre** wird Hilfe angeboten, dazu bitte spätestens 48 Std. vor der Reise die AG Ems unter Tel. 01805 180182 informieren. Die **Terminals** sind barrierefrei, der Zugang zum Schiff erfolgt über eine barrierefreie Passagierbrücke. Auf der Website der Fährgesellschaft (www.ag-ems.de) findet man unter dem Menüpunkt „Reiseinformationen" auch ein Infoblatt zum Thema „Barrierefreies Reisen".

Es gibt etliche **Unterkünfte** für mobilitätseingeschränkte Gäste, im Unterkunftsverzeichnis sind diese speziellen Häuser mit einem Rollstuhl-Symbol gekennzeichnet.

Falls notwendig, kann ein **Rollstuhl oder Rollator** über die Neue Apotheke (s. S. 123) ausgeliehen werden. An den drei Stränden stehen spezielle Rollstühle mit Ballonreifen bereit, mit denen man über den Strand fahren kann, Infos dazu erteilen die jeweiligen Bademeister.

Einen **Strandrollstuhl** namens „cadWeazle" kann man im Sommer bei den Milchbuden am Nord-, Süd- und FKK-Strand bekommen, sie sind nicht reservierbar.

Das **WC** hinter der Touristeninformation hat ein EURO-Schloss, das mit einem Einheitsschlüssel geöffnet werden kann.

Die **Promenade** ist **barrierefrei** gestaltet und gut zu erreichen, denn am Übergang von der zentralen Bismarckstraße zur Promenade gibt es eine Rampe mit Handlauf. Weiterhin sind die **Kulturinsel** und die Borkumer **Kirchen barrierefrei**, das Gezeitenland (s. S. 83) teilweise, es steht aber ein Lift mit Baderollstuhl zur Verfügung, um das Schwimmbecken zu erreichen.

# Geldfragen

Ist Borkum eine teure Insel? Nein, generell gesprochen kann man das nicht behaupten. Es gibt deutlich teurere Urlaubsorte an Nord- und Ostsee.

Aber es müssen nun mal praktisch alle auf der Insel angebotenen Waren vom Festland hergebracht werden. Allein durch diesen zusätzlichen Transport erhöhen sich die **Preise** zwangsläufig etwas. Außerdem haben viele **Geschäfte** auch am Sonntag geöffnet, auch dies muss in der Kalkulation berücksichtigt werden.

Dem Autor scheinen die Preise nicht übertrieben. Auch ein Besuch in einem **Restaurant** reißt kein tiefes Loch in die Urlaubskasse. Die Preise sind meist angemessen.

Auch die Tarife für die **Ferienwohnungen** sind nicht überzogen. Die **Hotels** in der ersten Strandreihe, die Zimmer mit Meerblick anbieten, lassen sich allerdings ihre Lage durchaus gut bezahlen.

**Einkäufe** des alltäglichen Bedarfs können in mehreren Supermärkten getätigt werden, die keine übertriebenen Preise aufrufen.

### Gästebeitrag (Kurtaxe)

Für die einen ist der Gästebeitrag ein Ärgernis („Strandgebühr"), für die anderen ein notwendiger Beitrag zur Pflege und Aufrechterhaltung der insularen touristischen Infrastruktur. Dazu zählen auch die Rettungsschwimmer, die die Strände bewachen, die kostenlosen Kurkonzerte, die kostenfreie Nutzung des Lesesaals in der Kulturinsel (s. S. 96), Strandanimation und freies WLAN in speziellen Bereichen.

Die Gästekarte, die man nach Zahlung des obligatorischen Gästebeitrags erhält, muss unter anderem im Gezeitenland (s. S. 83), auf der Tennisanlage, im Nordsee Aquarium 12 und beim Neuen Leuchtturm 3 vorgezeigt werden.

› **Tarife:** Erwachsene in Hauptsaison (Mai–Oktober) 4,80 €/Tag, übrige Zeit 3,60 €, Jahreshöchstbeitrag: 134,60 €, Kinder (ab 12 Jahren), Schüler, Studierende, Auszubildende bis 26 Jahre: 1,50 € in der Hauptsaison, übrige Zeit 1 €, Jahreshöchstbeitrag: 42 €. Personen mit Schwerbehindertenausweis zahlen weniger, falls sie einen Schweregrad von 100 % haben.

## Hunde

Fast überall auf Borkum herrscht **Leinenpflicht**, das gilt vor allem an der Promenade und auf allen öffentlichen Wegen, auch wenn so manchem Hundehalter dies nicht ganz klar zu sein scheint. Für Hunde gibt es sowohl am Nordbad als auch am Südbad und sogar am FKK-Strand einen **Hundestrand**, dort können die Tiere frei herumtoben. Auch dort muss das Tier angeleint sein, allerdings dürfen die Tiere außerhalb der Brutzeiten (1.4.–15.7.) am Strand auf den Hundeflächen frei laufen.

Kurtaxe muss für Hunde nicht gezahlt werden, aber ein **Fährticket** braucht Bello schon: Es kostet für die Hin- und Rückfahrt 16 €, für den Katamaran wird ein Zuschlag in Höhe von 7 € fällig. An etlichen Punkten stehen Spender für **„Schietbüdel"**, in denen Herrchen und Frauchen die Hinterlassenschaft ihrer Vierbeiner entsorgen können und sollten.

## Informationsquellen

### Infostellen auf der Insel

■ **Touristeninformation** <073> Georg-Schütte-Platz 5, Tel. 04922 9330, www.borkum.de, geöffnet: Mo.–Fr. 10–17, Sa./So. 10–13 Uhr. Hier liegen zahlreiche Prospekte, Flyer und Verzeichnisse aus, außerdem wissen die Mitarbeiter schier alles über „ihre" Insel. Weiterhin können hier Unterkünfte vermittelt werden und einen kostenlosen Stadtplan gibt's obendrein.

### Borkum im Internet

› **www.borkum.de:** offizielle Seite, auf der alles touristisch Relevante vorgestellt wird

### Publikationen und Medien

- **Borkumer Zeitung** (www.borkumer-zeitung.de): Die kleine Lokalzeitung erscheint montags, dienstags, donnerstags und freitags.
- **Borkumerleben** (www.borkum-erleben.de): kostenlose Wochenzeitung, die immer mittwochs erscheint

Es gibt zwei kostenlose Urlaubermagazine:

- **„Borkum aktuell, das Inselmagazin"** (erscheint elfmal im Jahr). Es bietet aktuelle Termine, Berichte von früheren Veranstaltungen bzw. Ausblicke, auch kleine Artikel rund um Borkum und viele Anzeigen.
- **„Burkana, das maritime Borkummagazin"** erscheint sechsmal im Jahr, ist etwas schmaler und bietet viele Tipps und Veranstaltungshinweise, aber auch kleine Berichte von Ereignissen auf der Insel und eine Darstellung von Insel-Highlights und Sehenswürdigkeiten.

Darüber hinaus gibt es noch zwei jährlich erscheinende Publikationen:

- **„Mien Börkum"** ist ein kleines Buch, in dem eine Fülle von Gastronomiebetrieben, Geschäften und Erlebnistipps vorgestellt wird.
- **„Ditjes un' Datjes"** ist kleines, liebevoll aufgemachtes Büchlein, dass „kleine Borkumer Geschichten" bringt, die meist nicht alltäglich und wenig bekannt sein dürften, ergänzt um eine Vielzahl von Anzeigen.

- **Radio IRABO.** Das Inselradio sendet unter anderem Borkum News, berichtet über Veranstaltungen und gibt neben Tagestipps auch einen Wetterbericht heraus. Auch per Livestream unter www.irabo.de zu hören.
- **Arche-Bücherei in der Kulturinsel** (s. S. 96), Tel. 0176 36338661, geöffnet: Mo./Fr. 15–18, Mi. 15–19 Uhr. Hier können bei Vorzeigen der Kurkarte auch von Urlaubern Bücher ausgeliehen werden. Auch der Lesesaal mit überregionalen Zeitungen kann genutzt werden.

## Internet

Freies **WLAN** gibt es im Nordsee Aquarium 12, der Kulturinsel (s. S. 96), dem Gezeitenland (s. S. 83), der Touristeninformation (s. S. 121), am Bahnhof, beim Bouleplatz am Georg-Schütte-Platz und beim Musikpavillon 1. Zur Nutzung das Netzwerk „Borkum" auswählen, den Zugriff bestätigen und los geht's.

## Medizinische Versorgung

- **Inselkrankenhaus** <074> Gartenstraße 20, Tel. 930015, http://inselkrankenhaus-borkum.de. Bezeichnet sich selbst auf der Website als „das wohl kleinste Krankenhaus Deutschlands". Es bietet eine internistische Fachpraxis, Psycho- und Physiotherapie, eine Rettungswache des Deutschen Roten Kreuzes und einen Hubschrauberlandeplatz für Notfälle.
- **Inselpraxis Meike Thomen und Helena Valatka** <075> Bismarckstraße 13, Tel. 93030. Allgemeinmedizinerinnen.
- **Zahnarzt Dr. Klaus Peter Droste** <076> Kirchenstraße 42, Tel. 9249837
- **Zahnärztin Sonja Hey** <077> Gartenstraße 20, Tel. 9329645
- **Insel-Apotheke** <078> Am Georg-Schütte-Platz 4, Tel. 3500, geöffnet: Mo.–Fr. 8.30–13 und 15–18.30, Sa. 8.30–13 Uhr, im Sommer: So. 11–12 Uhr. Direkt am Inselbahnhof gelegen, bietet u. a. den Service, in besonde-

## Meine Literaturtipps

- Ocke Aukes: **„Tod auf Borkum"**, emons Verlag. Der Rotary Club Borkum organisiert eine Theatervorstellung und plötzlich wird eine junge Frau ermordet. Kommissar Busboom muss ermitteln und er tut dies borkumgerecht per Fahrrad. Die Ermittler sind lange auf der falschen Spur, bis es dann doch eine überraschende Wende gibt. Das Krimigeschehen ist in Beschreibungen der Insel und ihrer Bewohner eingewoben.
- Ocke Aukes: **„Borkum-Zauber"**, emons Verlag. Noch ein Borkum-Krimi um Kommissar Busboom, der eigentlich nur seinen Urlaub auf der Insel verbringen wollte. Diesmal geht es um Okkultismus, Magie und Wahrsagen und die Autorin zeigt, wie sich alles mit Borkumer Traditionen verknüpft.
- Ocke Aukes: **„Borkumer Brandung"**, emons Verlag. Auch der dritte Band um Kommissar Busboom spielt mit Borkumer Örtlichkeiten. Eine junge Frau liegt tot im Heimatmuseum. Wie sich bald herausstellt, war sie eine Gaunerin. Wer aber ist für ihren Tod verantwortlich? Lange rätseln die Ermittler, bis sie eine überraschende Lösung finden.
- Mathijs Deen: **„Der Holländer"**, mareverlag. Zwei Wattwanderer wollen vom Festland rüber nach Borkum, aber nur einer kommt lebend an. Ein Unglück? Oder doch etwas anderes? Die Polizei zweifelt und so muss Liewe Cupido ran, schweigsamer Deutscher, auf Texel (Niederlande) aufgewachsen und deshalb nur „der Holländer" genannt. Spannend erzählt und mit einer überraschenden Schluss-Pointe, beleuchtet der Roman auch ein Grenzkuriosum zwischen den beiden Ländern.
- Emmi Johannsen: **„Mordseeluft"**, Lübbe. Caro Falk, frisch getrennt, fährt mit Sohnemann zur Kur nach Borkum. Bei der Erstuntersuchung wirkt der Arzt etwas übergriffig, worüber sich Caro mit ihren Kurfreundinnen austauscht. Am nächsten Tag ist der Arzt tot, umgekommen in einer Sauna, gefunden von Caro, die nun neugierig wird und eigene Untersuchungen anstellt, was zu Verwirrungen führt. Luftig-leichte Strandkorblektüre mit hohem Wiedererkennungswert bezüglich der Örtlichkeiten. Mit „Mordseestrand", „Mordseefest", „Mordseebrand" und „Mordseesturm" gibt es bereits mehrere Nachfolgebände.

ren Fällen die Medikamente per Fahrradkurier zu liefern.

- **Neue Apotheke** <079> Neue Straße 35, Tel. 9243436, geöffnet: 8.30–13 und 15–18.30 Uhr, Sa. 8.30–13 Uhr. Liegt in der zentralen Straße und hat speziell für Kinder eine eigene Warte- und Spieleecke eingerichtet, wenn es etwas länger dauern sollte.
- **Nordsee Apotheke** <080> Neue Straße 2, Tel. 818, geöffnet: Mo.–Fr. 8.30–13 und 15–18.30, Sa. 8.30–13 Uhr. Apotheke am Rathaus, die unter anderem auch den Verleih von Rollstühlen und Rollatoren anbietet. Sie wurde bereits 1883 gegründet. Das Sortiment orientiert sich speziell an den Bedürfnissen der Urlauber und Kurgäste.

068bo-mux

# Mit Kindern unterwegs

- **Spielplätze** gibt es sowohl an allen Stränden (Mai–Sept.) als auch im Ortsbereich, hier vor allem an der Deichstraße Höhe Von-Freese-Straße, in der Moormerlandstraße, in Kiebitzdelle-Dünen, an der Wilhelm-Feldhoff-Straße und bei der Evangelisch-reformierten Kirche (7) (kleinerer Platz).
- Im **Badepark Gezeitenland** (s. S. 83) gibt es für kleine Gäste ein Kinderbecken und im Sommer auf der Außenterrasse ein Planschbecken. Dienstags und samstags findet zwischen 15 und 18 Uhr ein KinderSpielNachmittag auf dem Erlebnisdeck statt.
- Ein **Kletterpark** (s. S. 83) befindet sich unweit des Strands bei der Kulturinsel (s. S. 96). Hier können Kinder bereits ab 6 Jahren in Begleitung eines Erwachsenen klettern, Kinder ab 9 Jahren dürfen es auch alleine versuchen, wenn Erwachsene anwesend sind. Ausrüstung wird gestellt und ist im Eintrittspreis inbegriffen.
- Die **Spielinsel** befindet sich in der Kulturinsel (s. S. 96) und bietet in verschiedenen Spielräumen eine ganze Menge, darunter Rutschen, Baby-Krabbeltunnel, ein Kletternetz, diverses Spielzeug, Brettspiele, Billard, Minigolf, Tischtennis, aber auch Kreativräume, wo sich die Kleinen ausprobieren können. Ergänzend werden in den Hauptferien Kurse und Events angeboten. Mit der Kurkarte ist der Eintritt kostenlos. Öffnungszeiten siehe www.borkum.de/allgemein/familie/spielinsel.

# Notfälle

- **Polizei** <081> Strandstraße 11, Tel. 91860
- **Fundsachen im Fundbüro Rathaus Borkum** (5), Neue Straße 1, Tel. 3030, geöffnet: Mo.–Fr. 8.30–13, Mo. und Mi. auch 14–17 Uhr

*Hüpfburgen-Paradies direkt am Strand*

Das **Notfall-Orientierungs-System (NOS)** ist eine gute Einrichtung, die vor allem für Wanderer oder Radler in der freien Natur Hilfe bei Unglücksfällen bietet (s. S. 84).

## Notrufnummern

- **Polizei:** Tel. 110
- **Rettung oder Feuerwehr:** Tel. 112
- **Krankenwagen:** Tel. 19222
- **Krankenhaus:** Tel. 930012

## Kartensperrung

Bei **Verlust der Debit-/Giro-, Kredit- oder SIM-Karte** gibt es für Kartensperrungen eine **deutsche Zentralnummer** (unbedingt vor der Reise klären, ob die eigene Bank bzw. der jeweilige Mobilfunkanbieter diesem Notrufsystem angeschlossen ist). **Aber Achtung:** Mit der telefonischen Sperrung sind die Bezahlkarten zwar für die Bezahlung/ Geldabhebung mit der PIN gesperrt, nicht jedoch für das **Lastschriftverfahren mit Unterschrift.** Man sollte daher auf jeden Fall den Verlust zusätzlich **bei der Polizei zur Anzeige bringen,** um gegebenenfalls auftretende Ansprüche zurückweisen zu können.

In **Österreich** und der **Schweiz** gibt es keine zentrale Sperrnummer, daher sollten sich Besitzer von in diesen Ländern ausgestellten Debit- oder Kreditkarten vor der Abreise bei ihrem Kreditinstitut über den zuständigen Sperrnotruf informieren.

Generell sollte man sich immer die **wichtigsten Daten** wie Kartennummer und Ausstellungsdatum **separat notieren,** da diese unter Umständen abgefragt werden.

- **Deutscher Sperrnotruf:** Tel. +49 116116 oder Tel. +49 3040504050
- **Weitere Infos:** www.kartensicherheit.de, www.sperr-notruf.de

# Post

- **Postfiliale im Domus Kaufhaus** <097> Wilhelm-Bakker-Straße 14, Mo.-Fr. 9-18, Sa. 8-13 Uhr
- Die **blauen Briefkästen,** die verteilt über die Stadt zu finden sind, gehören dem privaten Postdienstleister „Borkumpost", hier können keine Postkarten eingeworfen werden.

# Sprache

**Plattdeutsch** wird auf Borkum noch gesprochen, aber längst nicht mehr überall. Da geht es dem Börkumer Platt, wie es korrekt heißen muss, nicht anders als den meisten Dialekten in Norddeutschland. Plattdeutsch, oder Niederdeutsch, war viele Jahrhunderte (12.-17. Jh.) die allgegenwärtige Umgangssprache im norddeutschen Raum. Sie war weit verbreitet und Handelssprache der weitverzweigten Hanse. Allerdings muss differenziert werden, denn von einem einheitlichen Platt, das alle im Norden sprachen, kann nicht die Rede sein, es gab und gibt zahllose lokale Dialekte und sprachliche Feinheiten.

So haben sich speziell an der Nordseeküste friesische Sprachen herausgebildet, die sich vom allgemeinen Platt deutlich unterscheiden, in **Nordfriesland** wird immer noch Friesisch gesprochen. In **Ostfriesland** dagegen ist das Friesische in weiten Teilen ausgestorben. Auch gab es sprachliche Überschneidungen in Grenzregionen, so beispielsweise im nördlichen Schleswig-Holstein mit dem dänischen Platt oder ganz im westlichen Ostfriesland mit dem niederländischen Platt. **Hochdeutsch** jedenfalls konnte nicht so rasch Fuß fassen. In den Großstädten geschah dies zwar schneller als auf dem Land, aber selbst in Städten wie Hamburg wurde noch kurz vor dem letzten Krieg wie selbstverständlich im Hafen oder in bestimmten Stadtteilen Plattdüütsch gesprochen. In Ostfriesland spricht man noch heute das **Ostfriesische Platt**, zu dem auch das Börkumer Platt zählt.

Das **Börkumer Platt** ist, begünstigt durch die räumliche Nähe zu den Niederlanden, mit dem Groninger Platt verwandt. Jemand der beispielsweise aus Schleswig-Holstein kommt und das dortige Platt spricht, hat heute Schwierigkeiten, die Borkumer Plattsprecher zu verstehen, zu groß sind die sprachlichen Unterschiede. So heißt das niederdeutsche Wort für „sprechen" in weiten Teilen von Norddeutschland „schnacken", auf Borkum dagegen „prooten".

Die **Zahl der Sprecher** ist auch auf Borkum rückläufig, aber es gibt Bestrebungen durch die Niederdeutsche Bühne, den Heimatverein und die Trachtengruppe, diese Entwicklung aufzuhalten.

# Telefonieren

Die **Vorwahl** von Borkum lautet 04922. Auf der Fähre kann es passieren, dass sich das Mobiltelefon in ein niederländisches Netz einwählt, dies sollte auf der Insel eigentlich nicht der Fall sein.

# Touren

## Touren der Borkumer Kleinbahn

Viele Touren werden über die Borkumer Kleinbahn (www.borkumer-kleinbahn.de) angeboten, Tickets dazu gibt es jeweils am Schalter im Inselbahnhof oder auch online über die Website. Hier einige Beispiele:

- **Fahrt mit der Ausflugsbahn „Moritz"** auf Borkums Straßen einmal über die Insel ab Busbahnhof bis ins Ostland (Dauer: 2 Std.) oder zu ausgesuchten Sehenswürdigkeiten (1½ Std.), Tickets: Erw. 14,50 €, Kinder (4–11 Jahre) 9,50 €.
- **Schiffsausflug** entlang der Borkumer Küste vor dem Nord- und Südstrand mit

070bo-mux

Blick auf die Stadt, an ausgesuchten Terminen inklusive Transfer zum Hafen.

- **Führung durch die Werkstatt der Borkumer Kleinbahn** mit technischen Erklärungen von Fachleuten (freitags an bestimmten Terminen um 14 Uhr, Tickets: 25 €)
- **Weitere Touren** sind zum Beispiel eine **Insel-Busrundfahrt** mit einem Oldtimer-Bus, wahlweise auch mit einem E-Bus oder eine **Fahrt mit einem historischen Triebwagen** oder **einem historischen Dampfzug,** teilweise auch mit einem **historischen Bistrowagen,** in dem Kaffee und Kuchen gereicht werden. Diese Touren finden nur an ausgesuchten Terminen statt. Infos und Buchungen über www.borkumer-kleinbahn.de.

## Rundflug

- **Rundflug über Borkum vom Flugplatz:** Kosten: 15 Min. 62 €. Es gibt auch längere Touren, die zusätzlich über die benachbarten Inseln führen (Infos: Tel. 04921 89920, www.fliegofd.de).

## Kutschfahrten

- **Tasto** bietet Kutschfahrten über die ganze Insel (täglich 11 und 14 Uhr, 16 €, Kinder zahlen die Hälfte) an. Infos, Anmeldung und Tickets beim Kutscher, der am Bahnhof vor der Touristeninformation (s. S. 121) wartet (Tel. 0151 19513852, http://reiten-borkum.de/kutschfahrten.htm).

*Die Inselbahn erreicht Borkum-Stadt*

*Ausflug per Kutsche zu den Seehundbänken*

# Unterkunft

## Ferienwohnungen

Es dürften schon ein paar Hundert, wenn nicht gar ein paar Tausend Ferienwohnungen sein, die auf Borkum angeboten werden. Die Bandbreite reicht vom **einfachen Zimmer** unterm Dach in einem Siedlungshaus bis zu **topmodern gestalteten** und auch entsprechend eingerichteten **Wohnungen.** Wer sich mit etwas Mühe sowohl im Internet als auch im Inselprospekt umsieht, wird rasch erkennen, dass viele Wohnungen sehr modern ausgestattet sind und dass umgekehrt die ganz einfachen Unterkünfte zwar noch existieren, aber eher auf dem Rückzug sind.

Das **Preisniveau** ist den Unterkünften angemessen, auf anderen Nordseeinseln zahlt man bei vergleichbarer Qualität durchaus schon mal mehr. Bei Wohnungen im **innerstädtischen Bereich** genießt man den Vorteil, direkt am quirligen Stadtgeschehen teilhaben zu können, etwas ruhiger wohnt man dagegen außerhalb des Zentrums. Nun sind die meisten Wege nicht weit, ansonsten mietet man sich ein Rad und erreicht die City damit ziemlich rasch. In vielen Wohnungen darf **nicht geraucht** werden und es gibt Vermieter, die keine **Haustiere** wünschen. Das ist meist kein Zeichen mangelnder Tierliebe, sondern schlicht ein Zugeständnis an Allergiker, die nächsten Gäste sein könnten. Als Raucher oder Hundehalter sollte man also lieber vorher nachfragen, bevor es zu unangenehmen Überraschungen kommt. In den **Ferienmonaten** (speziell im Sommer) ist es auf der Insel sehr voll. Wer in dieser Zeit verreisen will, sollte sich sehr früh um ein Quartier bemühen. Aber auch außerhalb der reinen Ferienwochen kann es an bestimmten Tagen sehr voll werden, speziell um Feiertage herum. Diese werden gerne als **Brückentage** und für einen **Kurzurlaub** genutzt.

- **WLAN** wird in immer mehr Wohnungen angeboten, allerdings scheint es noch nicht bei allen Vermietern eine Selbstverständlichkeit zu sein.
- Die **Zimmervermittlung** erfolgt durch die Touristeninformation (s. S. 121).

### Agenturen

Wer sich nicht mühsam durch das dicke Unterkunftsverzeichnis blättern möchte, kann auch bei einer Vermietungsagentur nachfragen, hier eine Auswahl:

- **Böttcher & Schmidt,** Westerstr. 6, Tel. 7106, https://borkum-ferienwohnungen.de
- **Insellust,** Neue Str. 6, Tel. 9325749, www.insellust-borkum.de
- **Wfv,** Franz-Habich-Straße 23, Tel. 9329029, wfv-gmbh.de

### Hotels und Pensionen

Viele Hotels gibt es nicht, einige Häuser stehen in hervorragender Lage direkt an der Promenade, von wo man als Gast aus vielen Zimmern einen traumhaften Blick aufs Meer hat. Diese Zimmer sind allerdings nicht gerade billig. Die Betreiber wissen um die tolle Lage und die hat selbst in der Nebensaison ihren Preis. Wer es sich gönnt, erlebt hier aber auch allabendlich das traumhafte Schauspiel des Sonnenuntergangs, sozusagen vom eigenen Balkon aus.

- **Arthotel Bakker** €€€€ <082> Neue Straße 6b, Tel. 9325749, www.arthotel-bakker.de. In auffällig rötlichen Farben gehaltenes Haus im Ortskern mit 32 schicken, zweckmäßigen Zimmern. Außerdem gibt es eine Lounge mit Bücherbörse, Getränke- und Snackautomaten, ein Spielzimmer, eine Kaffeebar und eine Terrasse und spezielle Zimmer für Gäste mit Hunden. Ein Frühstücksbüfett wird angeboten, als Gast kann man täglich spontan entscheiden, ob man es nutzen möchte oder nicht. Im angeschlossenen Arthostel gibt es drei Zimmer für Familien oder Kleingruppen mit Gemeinschaftsbad und eine Ferienwohnung sowie ein Vier-Bett-Zimmer.

- **Haus Wopke** €€€ <083> Neue Straße 8, www.haus-wopke.de. „Borkums Bio Bed & Breakfast" (laut Website) hat alles, inkl. Zimmer-Ausstattung und Frühstück, nach Bio-Gesichtspunkten ausgerichtet. Zwei Nächte Mindestaufenthalt.
- **Hotel Teerling's Hafen** €€€ <084> Neue Straße 10, Tel. 2835, www.borkum-zimmer.de. Schickes Haus in hellen Farben mitten im ruhigen Ortskern. Hotel mit Suiten und DZ mit Teeküche, auch EZ, teilweise mit Terrasse. Insgesamt freundlich und harmonisch eingerichtet, Frühstücksbüfett mit regionalen Produkten.
- **Hotel Tide 42** €€€ <085> Neue Straße 42, Tel. 8738003, www.tide42-borkum.de. Das kleine, modern eingerichtete Haus mit vier EZ, vier DZ und acht Suiten liegt sehr zentral und bietet großzügige Zimmer, die u. a. eine Kaffee- und Teestation mit Kühlschrank und kleiner Spüle haben sowie Sitzmöglichkeiten und Schreibtisch. Check-in außerhalb der Rezeptionszeiten über einen Automaten am Eingang, Mindestaufenthalt drei Nächte.
- **Inselhof Borkum** €€€€ <086> Strandstraße 47, Tel. 923220, https://inselhof-borkum.de. Schickes Vier-Sterne-Hotel, das zwischen Strand und Neuem Leuchtturm steht. Allergikerfreundliches Haus mit 42 Zimmern, die in fünf verschiedene Farb- und Themenkonzepte unterteilt sind, die sich thematisch an der Insel orientieren. Schick und zugleich pragmatisch eingerichtet, u. a. mit eigenem Zimmer-Tablet. Es gibt auch Zimmer mit überlangen Betten (2,20 m) und solche für Gäste mit Hund.
- **Nordseehotel** €€€ <087> Bubertstraße 9, Tel. 3080, www.nordseehotelborkum.de.

*Die schicke Fassade des Arthotel Bakker*

071bo-mux

Hotel in Strandnähe mit über 125-jähriger Tradition, einige Zimmer bieten schönen Meerblick. Es gibt unterschiedlich große Räume, teilweise mit seitlichem Meerblick oder zur Seitenstraße, aber auch Suiten. Auch ein Bereich mit Dampfbad, Sauna und Badelandschaft ist vorhanden, außerdem bietet eine Kosmetikern Behandlungen an.

- **Pension Likedeeler** €€€ <088> Reedestraße 9, www.pension-likedeeler.de. Kleine Pension mit fünf DZ unterschiedlicher Größe und drei Suiten, das Haus steht unweit des Alten Leuchtturms. Im Erdgeschoss gibt es eine Gemeinschaftsküche mit Aufenthaltsraum.
- **Upstalsboom Borkum** €€€€ <089> Viktoriastraße 2, Tel. 9150, www.upstalsboom-borkum.de. Großes Haus in hellen Farben, sehr zentral beim Neuen Leuchtturm gelegen und nur 250 m vom Strand entfernt. Insgesamt 39 Zimmer auf vier Etagen, in unterschiedlichen Ausführungen und Blickrichtungen (Leuchtturm, Hof, Panoramablick).
- **Strandhotel Hohenzollern** €€€€ <090> Jann-Berghaus-Straße 63, Tel. 92330, www.strandhotel-hohenzollern.com. In der ersten Strandreihe gelegenes, sehr schönes historisches Haus (seit 1898) mit verspielten Stuckelementen. Es gibt Doppelzimmer zur Landseite, aber auch solche mit Dünen- und Meerblick. Gemütlich-stilvoll eingerichtet, sehr aufmerksames Personal. Hunde sind willkommen, ein Spa-Bereich mit Sauna ist vorhanden. Unten befindet sich das Restaurant Palée (s. S. 93).
- **Strandhotel Vier Jahreszeiten** €€€€ <091> Bismarckstraße 40, Tel. 9220, www.hotels-vierjahreszeiten.de/strandhotel. Das Haus mit seinen 61 Zimmern steht in der ersten Strandreihe, von einigen Balkonen bietet sich direkter Meerblick. Das Hotel besteht aus zwei Gebäudeteilen, die miteinander verbunden sind. Die moderne Einrichtung wird durch maritime Dekoration ergänzt, darunter auch Gemälde von lokalen Künstlern.
- **Suite Hotel Villa Erika** €€€ <092> Bismarckstraße 10, Tel. 9325151, www.hotel-villa-erika.de. Das Haus fällt äußerlich mit seinen Glasbalkonen und dem bunten Schriftzug auf und liegt sehr strandnah in der Fußgängerzone mit ihren vielen Lokalen. Angeboten werden zwölf Suiten, die modern eingerichtet sind und getrennte Wohn- und Schlafbereiche haben, außerdem gibt es einen Kühlschrank und eine Kaffeemaschine im Zimmer.
- **Villa Daheim** €€€ <093> Rektor Meyer Pfad 4, Tel. 932510, www.villa-daheim-borkum.de. Historisches Haus neben der Evangelisch-reformierten Kirche in idyllischer Umgebung, zur City sind es nur wenige Gehminuten. Das Haus bietet 21 Zimmer. Auf Wunsch mit Kaffeemaschine auf dem Zimmer oder der Lieblingszeitung als E-Paper zum Frühstück.

## Jugendherberge

- **Jugendherberge Borkum „Am Wattenmeer"** € <094> Reedestraße 231, Tel. 579, www.borkum.jugendherberge.de. Außerhalb vom Ort beim Hafen gelegen. Direkt vor dem Eingang hält der Bus in die City. Das Gelände ist sehr groß. Die Jugendherberge, die als größte Deutschlands gilt, besteht aus mehreren Gebäuden mit 700 Betten und bietet u. a. einen Kletterpark, Minigolf, Kartbahn, Disco, Spielplatz, Indoor Climbing und Kegeln.

## Campingplätze

Es gibt zwei Campingplätze auf Borkum. Der **Insel-Camping Borkum** befindet sich relativ nahe der Stadt, ist groß und bietet eine Menge Serviceleistungen. Der andere Platz, **Camping Aggen**, liegt im Grünen im ruhigen und ländlichen Ostland etwa 5 km vom Ort entfernt und ist deutlich kleiner.

- **Camping Aggen** <095> Ostland 1, Tel. 2215, http://borkum-aggen.de, geöffnet: Mitte März–Ende Okt. Der kleine Platz bietet neben Stellplätzen auch eine Zeltwiese auf Gras. Für Reiter stehen fünf Boxen zum Einstellen des eigenen Pferdes bereit.
- **Insel-Camping-Borkum** <096> Hindenburgstraße 114, Tel. 1088, www.insel-camping-borkum.de, geöffnet: Mitte März–Ende Okt. Die Stellplätze sind begrünt und teilweise durch Hecken oder Bäume begrenzt, sie haben Wasser- und Stromanschluss. Außerdem vorhanden: eine Spielwiese (Fußball, Volleyball), Billardtisch, Schachspiel, Gastronomie und eine Sauna.

# Verkehrsmittel

## Bussystem

Auf Borkum verkehrt ausgehend vom zentralen Busbahnhof **eine Buslinie in zwei Richtungen.** Eine Strecke führt ins Ostland 21, der Bus hält dabei u.a. an den Haltestellen Campingplatz, Upholmhof, Flugplatz und FKK-Strand.

Die andere Strecke führt zum Hafen, u.a. mit den Haltestellen J.-v.-Dyken-Weg, Wattenmeer (Ausstieg für Wattwanderungen), Jachthafen, Feuerschiff, Fährhafen und Jugendherberge.

Die **Abfahrtzeiten** schwanken ziemlich (!), gefahren wird etwa alle 1½ Stunden, was aber nur eine ungefähre Angabe sein soll. Man besorgt sich am besten einen Fahrplan, diesen gibt es u.a. in der Touristeninformation oder unter www.borkumer-kleinbahn.de. Auf der Website kann man zudem **Tickets** kaufen. Diese sind aber auch beim Busfahrer erhältlich.

› **Preise:** Erwachsene zahlen zwischen 1,60 € und 2,60 €, je nach Entfernung, Kinder die Hälfte.

## Bahn

Die Borkumer Inselbahn fährt nach Ankunft einer Fähre in die Stadt und umgekehrt vom Bahnhof rechtzeitig zurück zum Hafen, sodass die Fähren erreicht werden. Sie verkehrt in der Saison (Ende März–Ende Oktober) nach Fahrplan, aber zu bestimmten Tageszeiten häufiger als zu anderen und abhängig vom Wochentag sehr schwankend, sodass man sich vorab informieren sollte. Im Winter ist der Fahrplan etwas ausgedünnt und kann bis auf vier Fahrten pro Tag reduziert sein.

**Fahrpläne** gibt es bei der Borkumer Inselbahn am Fahrkartenschalter im Bahnhof, in der Touristeninformation (s. S. 121) oder unter www.borkumer-kleinbahn.de. Auf der Website kann man auch Onlinetickets buchen.

Die Abfahrtszeiten für Katamaran und Fähre gelten immer ab Borkum Bahnhof und schließen die Fahrt mit der Inselbahn ein. Wer beispielsweise für den Katamaran um 10.10 Uhr ein Ticket gekauft hat, nimmt um 10.10 Uhr die Inselbahn vom Bahnhof, die Fähre legt ca. 25 Min. später ab.

› **Preise:** Fährhafen–Bahnhof (oder Gegenrichtung) 2,60 €, Bahnhof–J.-v.-Dyken-Weg (oder Gegenrichtung) 2,10 €, Kinder jeweils die Hälfte

## Taxi

Die Taxen parken meist vor dem Bahnhof, dort kann man auch Rundfahrten vereinbaren, Gepäcktransfer buchen oder sich zum Hafen fahren lassen.

› **Taxi-Zentrale Borkum:** Tel. 04922 1001

# Wetter und Reisezeit

## Klima

Borkums vorgeschobene Lage im Meer erzeugt ein ganz spezielles Reizklima, das durch den warmen Golfstrom aus dem Atlantik geprägt ist, man spricht auch von **Hochseeklima.** Die Insel liegt ca. 10 km vom Festland entfernt und wird stärker als die anderen Ostfriesischen Inseln vom offenen Meer mit Nordseewasser umspült. Der besondere Reiz des Nordseeklimas liegt im Zusammenspiel von Sonnenlicht, Luft und kühlendem Wind. Die Nordseeluft ist durch das Brechen der Wellen, das die Jod- und Salzteile des Wassers zerstäubt, salzhaltig und feucht. Der Westwind trägt diese Luft an Land, der Mensch nimmt sie dort auf. Genau das hat Auswirkungen auf die Schleimhäute, Allergiker beispielsweise atmen in der reinen Luft endlich wieder frei durch. Es kann aber auch zunächst zu einer laufenden Nase kommen, was sich allerdings nach ein paar Tagen reguliert. Da die Luft durch den Wind ständig etwas kühler ist, wird der Körper gezwungen zu reagieren. Die Blutgefäße ziehen sich zusammen, der Herzschlag verlangsamt sich, der Blutdruck steigt. Sogar ein kurzfristiges Unwohlsein kann eintreten, längerfristig setzt aber ein Abhärtungsprozess ein, der **positive Auswirkungen auf Kreislauf und Durchblutung** hat.

Wer sich am Strand aufhält, darf die Kraft der **Sonne** nicht unterschätzen. Durch den ständig wehenden Wind empfindet man es nicht als so warm, warum sich also besonders schützen? Das krebsrote Ergebnis kann man dann abends vor dem Badezimmerspiegel bewundern. Zwar herrscht über Niedersachsen noch kein Ozonloch, aber übermäßige UV-Bestrahlung führt nicht nur zu einem Sonnenbrand, sondern erhöht auch die Gefahr von Hautkrebs. Am besten hält man sich im Schatten auf, beispielsweise im Strandkorb oder unter einem Sonnenschirm, aber auch die Sonnencreme sollte man nicht vergessen. Sonnenbestrahlung in Maßen hat aber auch positive Auswirkungen auf den menschlichen Körper. Sie verstärkt die Bildung

072bo-mux

von Vitamin D, das bei der Calciumaufnahme eine wichtige Rolle spielt. Dies ist für die Knochenbildung wichtig und beugt Osteoporose vor. Schon eine fünfzehnminütige direkte Sonnenbestrahlung führt zur ausreichenden Bildung von Vitamin D, besonders für ältere Menschen nicht unwichtig.

Eine „Konstante" des Nordseeklimas ist die **Unbeständigkeit des Wetters.** Zwar gibt es generelle Tendenzen, aber ein wolkenverhangener Himmel kann ruckzuck aufklaren und schon scheint die Sonne wieder.

Durch den Golfstrom und den Wind kommt es zu einem relativ **milden Grundklima.** Wind weht eigentlich immer, vorzugsweise aus West oder Südwest, also von der See her. Das beschert Badeurlaubern eine **angenehme Brise**, vor allem während der nachmittäglichen Hitze. Abends schwächt der Wind wieder ab und häufig weht er in der Nacht dann sogar vom Land aufs Meer hinaus. Quellwolken, die sich durch das Aufsteigen warmer Luftschichten bilden, regnen urlauberfreundlich oft im Hinterland der Küsten ab. Bilden sich dagegen über dem Meer Zirruswolken (sie sehen ein wenig aus wie zerrupfte Federn), dann ist die Wahrscheinlichkeit hoch, dass es bald auch auf der Insel regnet.

Und noch eine Bauernregel: Leuchtet es am Abend rot, dann gibt es am nächsten Tag schönes Wetter. Leuchten die Wolken und der Himmel am Morgen rot, dann zieht Regen auf. Im **Sommer** sind die Tage bei einer guten, stabilen Wetterlage zwar sehr schön warm, manchmal auch heiß, aber das Wetter ist selten extrem und trockenheiß.

Der Westwind beschert der Küste vor allem im **Januar** und **Februar** schwere Stürme, es ist kalt und auch regnerisch, im Februar meist trockenkalt. Ab März wird es milder, regnet aber noch häufig, im April steigen die Temperaturen schon in angenehme Bereiche, allerdings muss immer noch mit Regen gerechnet werden. **Mai** und **Juni** gelten als die schöns-

*Wie aus dem Bilderbuch: die sich brechenden Wellen der Nordsee*

*Borkum liegt 10 km vor der Küste*

ten Monate mit der geringsten Bewölkung, das Wasser ist aber noch recht kühl, es erwärmt sich langsam. **Juli** und **August** bringen hoffentlich ebenso schöne Tage, der August ist im Mittel sogar noch ein wenig wärmer, vereinzelt kommt es zu Gewitterschauern. Wer Badeurlaub machen möchte, sollte bis Juli warten. Auch **September** und **Oktober** glänzen oft noch mit schönen Phasen, allerdings kommt es zu Niederschlägen. Der November ist nass und grau, außerdem kann es zu schweren Herbststürmen kommen. Im **Dezember** ist es, auch bedingt durch den Wind, kalt.

## Reisezeit

Borkum ist vor allem bei Familien eine sehr beliebte Insel. Sie kommen naturgemäß in der **Ferienzeit** und hier vor allem in den Ferien von Nordrhein-Westfalen und Niedersachsen. Dann wird es auf der Insel sehr voll. Wer also in dieser Zeitspanne reisen möchte oder muss, der sollte sich sehr früh um ein Quartier bemühen. In der Innenstadt bemerkt man den erhöhten Gästezustrom sehr wohl, an den Stränden zwar auch, aber es bleibt für gewöhnlich noch reichlich Platz rund ums Handtuch, zumindest, wenn man bereit ist, ein paar Schritte auszuweichen und man seinen Platz nicht unmittelbar am Strandübergang aufschlagen will. Die Monate **Mai** und **Juni** können im Norden klimatisch bereits sehr schön sein, sodass sie sich ebenfalls zu einem Besuch der Insel eignen, allerdings wird die Nordsee noch frisch sein, denn sie erwärmt sich langsamer als das nahe Festland, die **Wassertemperaturen** übersteigen selten 20 °C. Da in diesen Monaten noch keine Schulferien sind, sind sie eine gute Alternative zu den Sommermonaten für alle, die nicht an die Ferien gebunden sind. Der September kann mit etwas Glück noch sehr schöne und vor allem auch sehr warme Tage bescheren. Die Schulferien sind fast überall zu Ende, die Insel leert sich spürbar.

Mittlerweile hat sich auch der **Jahreswechsel** zu einer attraktiven Reisezeit gemausert, zu der viele Gäste auf die Insel strömen. Dann kann es schon mal eng werden in den Restaurants, ansonsten ist dieser kurzfristige Gästeansturm spätestens nach dem Tag der Heiligen Drei Könige wieder vorbei.

Der Autor empfiehlt allen, die nicht an Schulferien gebunden sind den **September** für einen ruhigen Aufenthalt, aber auch im **Mai und Juni** wird man meist schöne Urlaubstage auf der Insel verbringen können, zumal dann die Tage lange hell sind.

| Durchschnitt | Wetter auf Borkum | | | | | | | | | | | |
|---|---|---|---|---|---|---|---|---|---|---|---|---|
| Maximale Temperatur | 4° | 5° | 8° | 12° | 17° | 20° | 21° | 21° | 18° | 14° | 8° | 5° |
| Minimale Temperatur | –2° | –1° | 1° | 3° | 6° | 9° | 11° | 11° | 9° | 6° | 2° | 0° |
| Regentage | 13 | 9 | 12 | 10 | 11 | 11 | 11 | 11 | 11 | 11 | 14 | 14 |
| Wassertemperatur | 5° | 4° | 5° | 8° | 12° | 15° | 18° | 19° | 17° | 15° | 11° | 7° |
| | Jan | Febr | März | Apr | Mai | Juni | Juli | Aug | Sept | Okt | Nov | Dez |

# ANHANG

074bo-hj

# Register

## Impressum


Hans-Jürgen Fründt

**InselTrip Borkum**





**3., neu bearbeitete und aktualisierte Auflage 2024**





**ISBN 978-3-8317-3901-1**

Printed in Germany

**Druck und Bindung:**
mediaprint solutions GmbH, Paderborn

**Herausgeber:** Ulrich Kögerler, Klaus Werner
**Layout:** amundo media GmbH (Umschlag, Inhalt), Peter Rump (Umschlag)
**Lektorat:** amundo media GmbH
**Karten:** Ingenieurbüro K. Wendler, amundo media GmbH
**Anzeigenvertrieb:** KV Kommunalverlag GmbH & Co. KG, Alte Landstraße 23, 85521 Ottobrunn, Tel. 089 928096-0, info@kommunal-verlag.de
**Kontakt:** Reise Know-How Verlag Peter Rump GmbH, Osnabrücker Str. 79, 33649 Bielefeld, Deutschland, Tel. +49-521-946490, info@reise-know-how.de


Alle Angaben in diesem Buch sind gewissenhaft geprüft. Preise, Öffnungszeiten usw. können sich jedoch schnell ändern. Für eventuelle Fehler übernehmen Verlag wie Autor keine Haftung.

### Bildnachweis

Umschlagvorderseite: ©Olaf, stock.adobe.com | Umschlagrückseite und Umschlagklappe rechts: Hans-Jürgen Fründt
Soweit ihre Namen nicht vollständig am Bild vermerkt sind, stehen die Kürzel an den Abbildungen für die folgenden Fotografen, Firmen und Einrichtungen. Susanne Muxfeldt: mux | Hans-Jürgen Fründt: hj | DGzRS – Die Seenotretter/ Jörg Zogel: DGzRS

# Benutzungshinweise

## Orientierungssystem

Die in den folgenden Kapiteln beschriebenen Attraktionen sind mit einer **fortlaufenden magentafarbenen Nummer** gekennzeichnet, die sich als Ortsmarke im Faltplan oder Detailplan wiederfindet. Steht die Nummer im Fließtext, verweist sie auf die Beschreibung dieser Attraktion.

Die Angabe in **eckigen Klammern** verweist auf das Planquadrat im Faltplan oder auf den Detailplan (Seitenzahl). Beispiele:

12 Nordsee Aquarium ★★ [B5]
29 Conversationshaus ★★ [S. 50]

Alle weiteren Points of Interest wie Unterkünfte, Restaurants oder Cafés sind mit einer Nummer in **spitzen Klammern** versehen. Anhand dieser eindeutigen Nummer können die Orte in unserer speziell aufbereiteten Web-App unter www.reise-know-how.de/inseltrip/borkum24 lokalisiert werden (s. S. 141). Beispiel:

› **Baumann's** € <003>

Beginnen die Points of Interest mit einem **farbigen Quadrat**, so sind sie zusätzlich in den Detailplänen eingezeichnet:

■ **Atelier am Meer** <056>

113bo-mux

## Der Schmetterling …

zeigt an, wo man Angebote im Bereich des nachhaltigen Tourismus findet.

**Mein Tipp**

Persönliche Empfehlungen des Autors bzw. der Autoren.

## Kinder-Tipps

Das Symbol kennzeichnet Sehenswertes, Unterkünfte und Aktivitäten, an denen auch kleine Urlauber ihre Freude haben.

## Preiskategorien

**Gastronomie**

| | |
|---|---|
| € | unter 20 € |
| €€ | 20–30 € |
| €€€ | über 30 € |

Die Preise gelten für ein Hauptgericht ohne Getränke.

**Unterkünfte**

| | |
|---|---|
| € | bis 60 € |
| €€ | 60–100 € |
| €€€ | 100–140 € |
| €€€€ | über 140 € |

Die Preise verstehen sich für ein Doppelzimmer in der Hauptsaison, unterliegen aber mitunter starken Schwankungen.

## Updates zum Buch

www.reise-know-how.de/inseltrip/borkum24

## Vorwahlen

› **Borkum:** 04922
› **Deutschland** +49
› **Österreich:** +43
› **Schweiz:** +41

*Das Wappen von Borkum zeigt viel Maritimes: zwei silberne Wale, den wuchtigen Leuchtturm mit einer Bake und fünf blaue Wellen*

## Zeichenerklärung

- ⑪ Sehenswürdigkeit
- [C2] Verweis auf Planquadrat im Insel-Faltplan

- Arzt/Krankenhaus
- Aussichtspunkt
- Bushaltestelle
- Bibliothek
- Campingplatz
- Denkmal
- Flugplatz
- Funkturm
- Hafen
- Information
- Jugendherberge
- Kirche, Kloster
- Leuchtturm
- Parkplatz
- Polizei
- Post
- Reiterhof
- ★ Sehenswürdigkeit
- ● Sonstiges
- Strand
- Schwimmbad
- Synagoge
- Theater
- Windrad

- Einkaufen, Sonstiges
- Übernachtung/Unterkunft
- Essen und Trinken
- Nachtleben
- Aktiv

- Spaziergang Groningen (s. S. 60)
- ●●● Wanderung 1 (s. S. 72)
- ●●● Wanderung 2 (s. S. 74)
- ●●● Wanderung 3 (s. S. 76)
- ●●● Wanderung 4 (s. S. 78)
- ●●● Wanderung 5 (s. S. 80)

# Borkum mit PC, Smartphone & Co.

QR-Code auf dem Umschlag scannen oder **www.reise-know-how.de/inseltrip/borkum24** eingeben und die **kostenlose Web-App** aufrufen (Internetverbindung zur Nutzung nötig)!

★**Anzeige der Lage und Satellitenansicht aller** beschriebenen Sehenswürdigkeiten und weiteren Orte
★**Routenführung** vom aktuellen Standort zum gewünschten Ziel
★**Exakter Verlauf** der empfohlenen Wanderungen
★**Updates** nach Redaktionsschluss

## GPS-Daten zum Download

Die GPS-Daten aller Ortsmarken und Wanderungen stehen auf der Produktseite des Titels auf www.reise-know-how.de zum Download zur Verfügung.

## Inselplan für mobile Geräte

Um den Inselplan auf Smartphones und Tablets zu nutzen, empfehlen wir die App „Avenza Maps" der Firma Avenza™. Über die Funktion „Store" kann die „Islandmap Borkum 2024" kostenlos geladen werden.

---

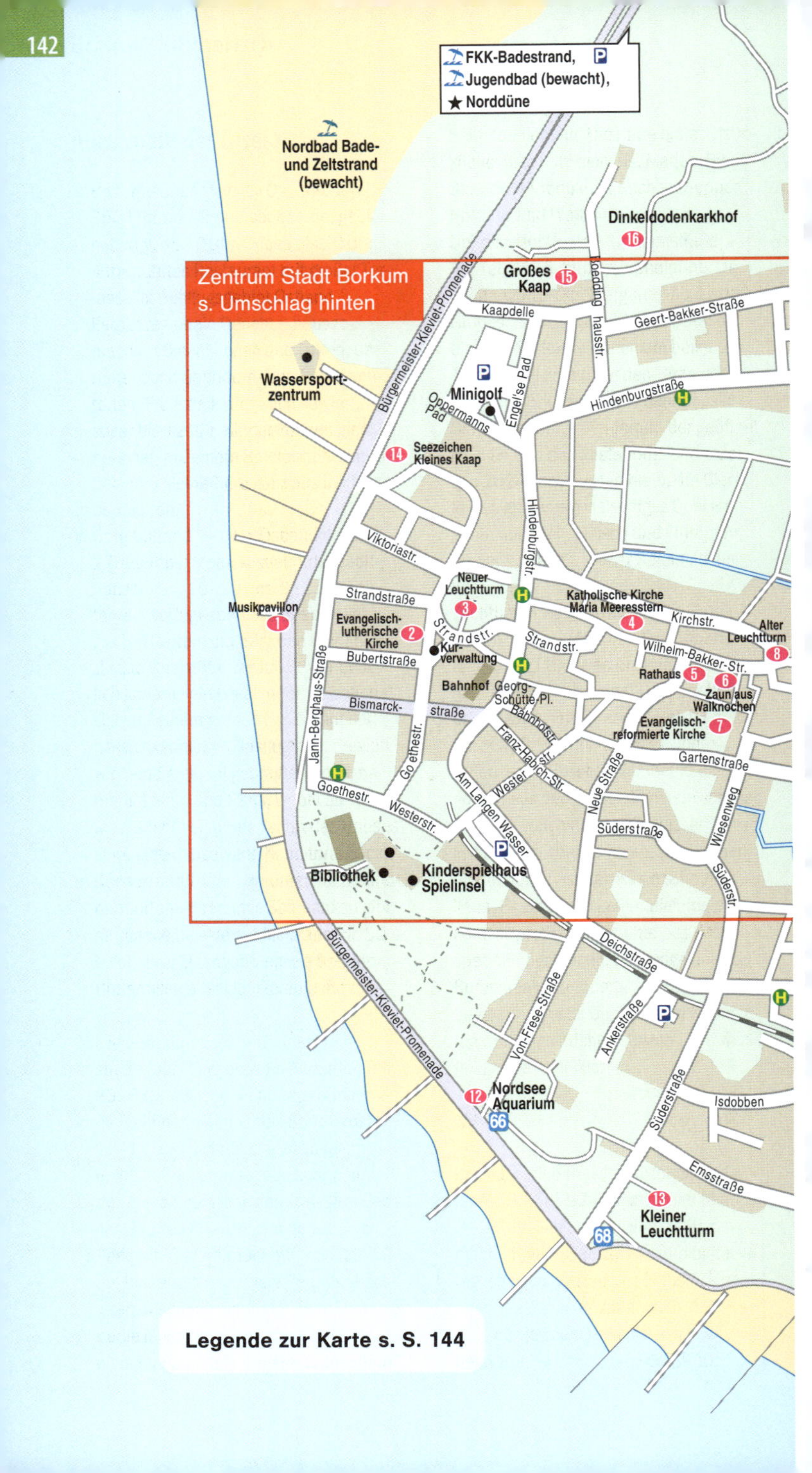


Legende zur Karte s. S. 144

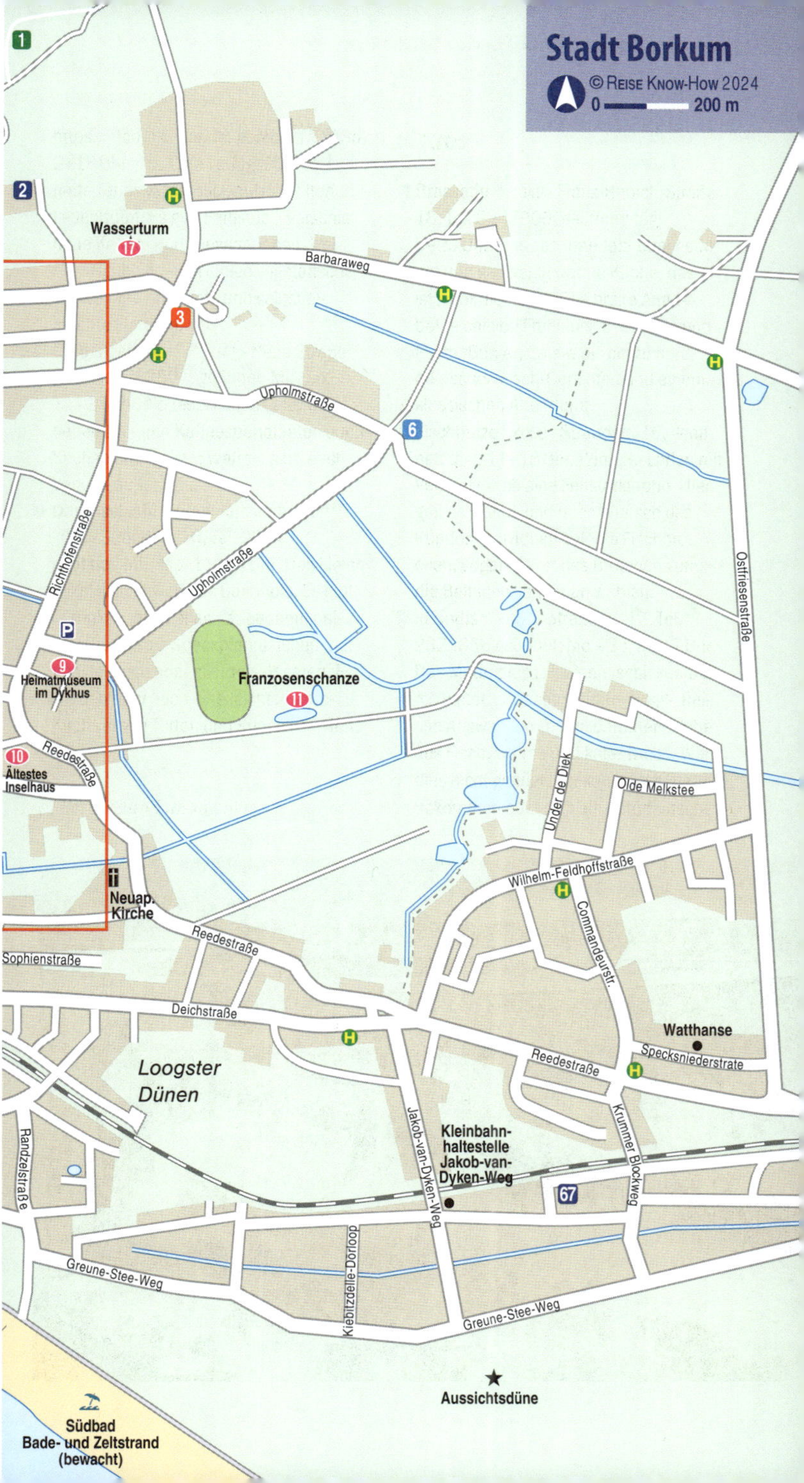

Stadt Borkum
© Reise Know-How 2024
0 200 m
1
2
Wasserturm
17
Barbaraweg
3
Upholmstraße
6
Richthofenstraße
Upholmstraße
Ostfriesenstraße
P
9
Heimatmuseum im Dykhus
Franzosenschanze
11
10
Ältestes Inselhaus
Reedestraße
Olde Melkstee
Under de Diek
Wilhelm-Feldhoffstraße
Neuap. Kirche
Commandeurstr.
Reedestraße
Sophienstraße
Deichstraße
Watthanse
Specksniederstrate
Reedestraße
Loogster Dünen
Krummer Blockweg
Jakob-van-Dyken-Weg
Kleinbahn-haltestelle Jakob-van-Dyken-Weg
67
Randzelstraße
Kiebitzdelle-Dorloop
Greune-Stee-Weg
Greune-Stee-Weg
Aussichtsdüne
Südbad Bade- und Zeltstrand (bewacht)

**Sehenswürdigkeiten**

1. Strandpromenade und Musikpavillon
2. Evangelisch-lutherische Kirche
3. Neuer Leuchtturm
4. Katholische Kirche Maria Meeresstern
5. Rathaus
6. Zaun aus Walknochen
7. Evangelisch-reformierte Kirche
8. Alter Leuchtturm
9. Heimatmuseum im Dykhus
10. Ältestes Inselhaus
11. Franzosenschanze
12. Nordsee Aquarium
13. Kleiner Leuchtturm
14. Seezeichen Kleines Kaap
15. Seezeichen Großes Kaap
16. Dinkeldodenkarkhof
17. Wasserturm

**Einkaufen/Sonstiges**

1 Aussichtsdüne Dünenweg
9 Zahnarzt Dr. Klaus Peter Droste
11 43 Kleider & 7 Sachen
14 Skyland Kites
17 Galerie Dachwitz
20 Teeparadies
21 Sun and Bag (1)
22 Postfiliale im Domus Kaufhaus
25 Sun and Bag (2)
26 Polizei
27 Nordsee Apotheke
29 Atelier am Meer
30 Insel-Apotheke
31 Touristeninformation
37 Doros Kunststube
41 Küstengut
42 Inselgalerie Die Schatzkiste
45 Windy
47 Inselpraxis Meike Thomen und Helena Valatka
48 Twinkle
51 Lüttje Strandpiraten
52 Knobelkiste
54 Dat Börkumer Sanddornhus
56 Zahnärztin Sonja Hey
59 Neue Apotheke
62 Inselkrankenhaus
63 Kulturinsel

**Essen und Trinken**

6 Upholm-Hof
7 Palée
10 Breakfastclub Rias
15 Essbar
16 Das Inselcafé – Pfannkuchenhaus
17 Fischbutze
18 In Undis
19 Ria's Beach
23 Alt Borkum
33 Café Lüttje Toornkieker
35 Fisherman's Koeken
40 Valentin's
46 Pizzeria Meeresblick
49 Kleine Borkumer Eiskonditorei
51 Brasserie
55 Relitto
57 Café Sleeboom
58 Zum Insulaner
60 Klein und Fein
66 Strand 5
68 Heimliche Liebe

**Unterkünfte**

3 Insel-Camping-Borkum
7 Strandhotel Hohenzollern
8 Upstalsboom Borkum
13 Inselhof Borkum
28 Nordseehotel
32 Arthotel Bakker
36 Haus Wopke
38 Hotel Teerling's Hafen
39 Strandhotel Vier Jahreszeiten
43 Suite Hotel Villa Erika
44 Villa Daheim
50 Pension Likedeeler
64 Hotel Tide 42

**Aktiv**

2 Reitstall Borkum
4 Zweiradladen Borkum
5 Fahrradverleih van Raden
12 Fahrradverleih der Borkumer Kleinbahn
24 Fahrradverleih Tente
34 Ricardo's Fahrradverleih
53 Tennisplätze
61 Gezeitenland
65 Nordseekletterpark Borkum
67 Sattelbude Jütting